힘이 되는 그림책이 있습니다

독서 모임 전문가 10인의 인생 그림책

힘이 되는 그림책이 있습니다

김민영 김예원 허유진 오숙희 오수민 우신혜 김미연 이인자 이혜령 박은미

섬드레

/ 머리말 /

마음을 단단하게 만드는 그림책의 힘

　힘을 주는 말들이 있다. "뭐라도 도울 게 있을까?" "한번 해 보자" "고마워" "충분해" "괜찮아"와 같은, 건네는 이의 밝고 따스한 마음이 실린 말. 혹여나 잊어버릴까 그 말을 어딘가에 단단히 담아 놓는다. 텅 비어 버린 가슴에 소슬한 바람이 불 때, 온몸에 힘이 쭉 빠져 한 걸음 발을 떼기 어려울 때, 그림과 그 옆에 함께 있는 말들을 차례대로 꺼내어 본다. 그림과 글이 어우러진 책이 파닥파닥 헤엄치면서 마음속으로 들어올 때 나에게도 이런 힘이 있었다는 것을 알아차린다.
　그림책 속에는 그런 시선, 표정, 손길, 목소리가 있었다. 글이 적고 그림이 많은 책, 그림만 있는 책, 몇 장 넘기다 보면 금세 마지막 페이지를 만나게 되는 얇은 책 한 권이 힘을 준다. 때론 많은 말보다 다정히 건네는 손이 더 뜨겁지 않은가. 태어나기로 결심한 아이의 손을, 울타리를 넘을 때 잡아 주는 손을 붙잡고 세상을 향해 나아간다. 용감하게, 뚜벅뚜벅.

그림책의 힘을 믿는 열 명의 어른들이 함께 책을 썼다. 각자가 가장 아끼고 사랑하는 '인생 그림책'을 한 권의 책 속에 담았다. 선택하고, 홀로 서고, 일상의 소중함을 기억하고, 불편한 질문을 던져야 할 때 이들은 얇고 단단한, 열 가지 색으로 표현된 그림책을 펼쳤다. 그 안에는 나를 고스란히 비추는 거울이, 뭉근한 위로가, 그리운 숨결이, 듣고 싶었던 말과 기쁨의 목소리가 담겨 있었다. 그림책을 읽으며 화해하고, 용서하고, 추억하며, 이해하고, 충만했던 순간들과 조우했다. 그리고 깨달았다. 이토록 큰 힘이 사실 우리 안에도 있었다는 사실을. 그 힘이 어디에 있는지, 얼마나 크고 강한지 그림책은 각기 다른 빛과 색으로 속삭였다.

먼 길을 돌아와 '나'를 찾아온 책 덕분에 부모의 삶을 이해하며 교감했고, '나는 누구인가' 질문하면서 정체성을 발견했다. 스스로의 선택을 믿고 나아가는 법, 있는 그대로의 자신을 받아들이며 사랑하는 법, 안전한 거리를 두고 타인과 관계 맺는 법을 배웠다. 그림책에서 흘러나온 작은 이야기들이 엮이고 엮이면서 실로 놀라운 힘을 발휘했다.

열 명의 저자들에게는 공통점이 있다. 그림책으로부터 단단하면서도 유연한 힘을 얻었고 그 이야기를 하고 싶었다. 우리의 글쓰기는 홀로 쓰기에서 함께 쓰기로 거듭났다. 합평과 퇴고라는 두 개의 문은 가깝고도 멀었다. 한 권의 책이 어떤 노고와 결단을

딛고 선 이야기인지 매일 실감했다. 그림책의 힘과 읽고 쓰는 사람의 힘을 믿어 주신 섬드레 출판사 대표님 덕분에 이 책이 세상의 빛 속으로 나아갈 수 있었다. 그림책 열 권의 힘은 무척이나 세서 메뚜기처럼 훌쩍 뛰어올랐고, 〈중소출판사 성장도약 제작 지원 사업〉에서 〈문학에세이〉 분야 선정작이 되었다.

좋은 게 있으면 함께 나누고 싶다. 참 좋다고, 같이 해 보자고 소리 높여 말하고 싶다. 그런 마음으로 썼다. 그림책으로부터 받았던 힘과 그로 인해 달라진 삶의 이야기가 흐르고 흘러 인생의 어느 길목에 선 누군가에게 작은 위로와 용기가 되어 줄 수 있다면 기쁠 것이다. 저자들은 인생 그림책에 더해 함께 읽으면 도움이 되는 책들을 권한다. 각 그림책마다 어떻게 읽으면 좋을지 구체적인 방법을 안내한다. 작가들이 권하는 책과 이야기를 통해 열 명의 삶을 경험해 보고, 그 과정에서 함께 소통하고 교감하는 시간을 보냈으면 한다.

그림책이 독자들의 마음에 닿는 장면이 떠오른다. 좋은 에너지는 나눌수록 더 크고 강해진다는 말이 있었던가. 어느 날, 낯선 누군가가 "내게 힘을 준 그림책은 이거였어요."라며 말을 건네오는 상상을 해 본다. 다붓다붓 모여 앉아 다정히 이야기 나누는 상상만으로도 힘이 난다.

김예원, 오수민

/ 추천사 /

그림책을 새롭게 보는 훌륭한 안내서

　이 책에는 글을 쓰신 모든 분들이 각자의 삶에서 그림책을 만나고, 그림책이 삶에 들어와서 또 다른 이야기로 변해 가고 커져 가는 과정이 생생하게 그려져 있습니다.
　그림책이라는 게 그렇습니다. 짧지만 아주 강렬하고, 생생하면서, 어떤 식으로든 자기 삶의 어떤 순간과 만나면 새로운 감상과 사상으로 변주될 수 있습니다. 이 책의 저자들은 모두 그림책과의 강렬한 만남을 경험하신 분들입니다. 저 역시 그림책과의 만남이 너무 좋아 그림책을 공부하고, 그것도 모자라 그림책에 둘러싸인 책방을 차린 사람으로서 저자 여러분의 그림책과의 소중한 인연이 너무나 마음에 와닿습니다.
　저는 그림책을 나이 들어서 만났습니다. 물론 어렸을 때 그림책을 몇 권 보긴 했지만 지금 보는 그런 그림책이 아니었습니다. 그림책은 하나의 독립적인 예술 장르입니다. 문학도 회화도 아닌 이야기와 시각 예술이 함께 만나 그만이 가지는 독특함을 창출하는 고유한 예술 장르입니다. 그림책을 보면 아름다움을 느낄 수 있고, 새로운 세상을 알게 되고, 스스로 질문하고, 자신만의 이야기를 찾아내게 됩니다. 이런 그림책을 어렸을 때부터 보고 자란다면 자연스럽게 아름다움을 보는 심미안을 갖게 되고, 생각하는 즐거움을 알게 되며, 자신이 그림책을 통해 발견한 것을 나누는 기쁨을 향유하는 사람이 될 것입니다.

이 책을 통해 더 많은 사람들이 그림책의 매력과 깊이를 알게 되면 좋겠습니다. 그래서 더 많은 아이들이, 더 많은 어른들이 그림책이 주는 즐거움을 알고 그림책으로 인해 각자의 삶의 결이 더욱 풍요로워졌으면 합니다. 자신만의 보물 같은 그림책을 발견하면 좋겠습니다. 그렇게 발견한 그림책이 어느새 내 안에 스며들고 뿌리내려 내 삶의 경험과 공명하며 삶을 살아가는 힘이 되길 소망합니다.

함께 그림책을 읽고 그림책에 대해 질문하고 그림책에 대한 이야기를 오랫동안 나누신 분들이 책을 내시게 된 걸 다시 한번 기쁜 마음으로 축하드립니다.

김주희 (곰씨네 그림책방 대표)

차례

머리말 · 4
추천사 · 7

선택하는 힘 · 11
『프레드릭』 프레드릭, 넌 왜 일을 안 하니? – 김민영

깨고 나오는 힘 · 27
『태어난 아이』 태어나도 괜찮다 – 김예원

일상을 기억하는 힘 · 43
『부엉이와 보름달』 일상을 특별하게 만드는 마법 – 허유진

선을 긋는 힘 · 59
『곰씨의 의자』 나를 위한 '선 긋기' – 오숙희

소심함이라는 힘 · 75
『나는 소심해요』 소심함 때문에 모든 게 달라졌어요 – 오수민

차례

용기 내는 힘 · 93
『울타리 너머』 울타리 너머엔 다른 삶이 있다 − 우신혜

홀로 서는 힘 · 109
『키오스크』 올가의 쇠공 다루기 − 김미연

뛰어오를 힘 · 125
『뛰어라 메뚜기』 메뚜기는 뛰어야 한다 − 이인자

엄마라는 힘 · 141
『우리 엄마』 '우리 엄마'라는 어려운 말 − 이혜령

질문하는 힘 · 157
『여우』 나를 불편하게 하는 그림책, 『여우』 − 박은미

(선택하는 힘)

"프레드릭,
넌 왜 일을 안 하니?"

김민영

레오 리오니 지음, 최순희 옮김, 시공주니어, 2013

"프레드릭, 넌 왜 일을 안 하니?"

　내게 학교생활은 외롭고 버거운 일상이었다. 수능 1세대라는 이유로 성적의 노예가 되어야 한다니 억울했다. 성적이 떨어지면 교복 치마에 피가 묻어 나올 정도로 허벅지를 맞았다. 교사가 하늘이던 그때, 체벌은 곧 교권이었다. 점수로 평가받는 학교와 아이들로부터 나는 멀어져 갔다. 책을 좋아하던 내게 세상은 모순과 폭력의 거미줄이었다. '책과 다른 세상'과 싸우기에 나는 너무 많이 읽은 아이였다.

　가수 신해철(1968-2014)의 음악만이 위로였다. 신해철이 이끌던 밴드 넥스트(N.EX.T) 공연에 다니며 공허함을 달랬다. 신해철은 심오한 질문을 음악에 실어 날랐다. '남들 따라 사는 삶이 아닌지 의심하라', '스스로 원하는 길인지 돌아봐라', '죽음의 의미는 무엇인가'라는 질문을 건넸다. 모두가 같은 길을 가라는데, 신해철만 다른 길로 가라고 말했다. 내게 신해철은 신세계였다.

그림책 『프레드릭』의 주인공 '프레드릭'을 보며 나는 신해철을 떠올린다. 프레드릭과 신해철의 어슴푸레한 눈빛은 묘하게 닮았다. 익살과 낭만과 공허와 상상, 프레드릭의 눈빛은 모든 가능성처럼 보인다. 프레드릭은 열심히 먹거리를 나르는 들쥐 가족과 달리 반쯤 감긴 눈으로 자기만의 양식을 모은다. 들쥐 가족이 보기에 프레드릭은 일을 안 하는 아이다. 들쥐 가족은 눈을 또렷하게 뜨고 재차 묻는다. "프레드릭 넌 왜 일을 안 하니?" 사람들도 신해철에게 그런 시선을 보냈다. "왜 그렇게 반항적인가요?"

프레드릭의 눈빛으로 노래하던 신해철에게는 '논객' '반항아'라는 수식어가 따라다녔다. 엄마도 신해철을 경계했다. 엄마에게 신해철은 딸의 앞날을 망칠 훼방꾼이었다. 엄마는 내 성적이 떨어지면 "신해철 때문에 네가 연고대를 못 간다!"라며 신해철 브로마이드를 찢었다. 신해철의 심야 방송을 듣던 내게 엄마는 "교주가 애들을 망치네. 그 길은 잘못된 길이야!"라고 말했다. 나는 외쳤다. "틀린 게 아니라 다른 길이라고요!"

내겐 프레드릭도 다른 길을 보여 준 존재였다. 프레드릭과 달리 눈을 부릅뜨고 겨울 양식을 모으는 들쥐 가족에겐 '옥수수와 나무 열매와 밀과 짚'이 중요하다. 그들은 프레드릭의 눈빛과 마음을 읽지 못한다. 들쥐들은 자꾸 "넌 왜 일을 안 하니?"라고만 묻는다. 심지어 '나무라듯' 말이다. 프레드릭은 분명히 말한다.

"나도 일하고 있어." 곧 '춥고 어두운 겨울날'이 올 테니 햇살, 색깔, 이야기를 모으는 중이라고 이야기한다.

과연 독자들에게 프레드릭은 일을 하는 것처럼 보일까? 학교에서 만난 초등 1학년들에게 질문을 던져 봤다. "여러분이 보기에 프레드릭은 일을 하는 것 같나요?" 절반은 "일을 하고 있어요!" 다른 절반은 "일을 하고 있지 않아요!"라고 응답했다. 아이들은 손을 번쩍 들었다. "자기가 모으고 싶은 걸 모으면 돼요. 그것도 일이에요!" "같은 걸 모을 필요는 없어요. 프레드릭은 일을 해요!" 듣고 보니 프레드릭은 일하는 중이었다. 다른 생각을 하는 아이들도 발표하겠다고 나섰다. "겨울이 오면 굶어 죽을 텐데, 꿈만 꾸는 프레드릭!" "들쥐 가족처럼 먹을 걸 모으지 않으니 일을 안 하는 거예요!" 아이들은 서로의 다른 생각을 차분히 듣고 있었다.

나는 이어 물었다. "여러분은 일이 무엇이라고 생각해요?" 언젠가 방송에서 본 프랑스의 철학 수업처럼 던진 물음표였다. TV 속 교사는 미취학 아동들에게 묻고 있었다. "여러분에게 친구란 무엇이에요?" 아이들은 서서히 발표 의지를 보이기 시작했다. "제일 친한 친구 마들렝은 저에게 잘해 줘요." "저는 친구 까트린과 노는 게 좋아요." "친구에게 제가 먹고 싶은 과자를 주었어요." 어떤 말이 나와도 교사는 듣고, 잇고, 다시 물을 뿐 가르치지 않았다. 아이들은 스스로 생각하고 발표했다. 정답 없는 프랑스 교육의 토론장은 도널드 L. 핀켈 교수의 책 『침묵으로 가르치기』*처럼 자유롭고 차분했다. 우리 학생들도 프랑스 아이들처럼 표현할까? 생각보다 다양한 말들이 등장했다. "일은 아빠처럼 회사 가는 거요." "일은 해야 하는 거예요." "일은 돈 버는 거예요." "일은 엄마처럼 매일 바쁜 거예요." "일은 숙제요." "일은 시험 보는 거예요." "일은 내가 하고 싶은 걸 하는 거예요." 아이들은 일을 향한 각자의 생각을 펼쳐 보였다. 『프레드릭』은 생각을 말하게 하는 마법의 그림책이었다.

"색깔을 모으고 있어. 겨울엔 온통 잿빛이잖아." 프레드릭은 색깔을 모으는 이유를 분명히 말한다. 프레드릭에게 겨울은 배고픔보다 잿빛이 문제인 계절이다. 옥수수와 열매보다 색깔을 모아야 잿빛의 겨울을 버틸 수 있다고 프레드릭은 생각한다. "기나긴 겨울엔 얘깃거리가 동이 나잖아." 이야기를 모으는 이유 또한 또렷하다. 얘깃거리가 동 나는 겨울을 대비해서 모아야 할 것은 밀과 짚이 아닌 이야기라고 프레드릭은 말하는 것이다. 자신의 행동은 겨울을 대비하는 일이며, 그 또한 노동이라는 자부심이 느껴진다. 프레드릭은 자존감이 단단한 영혼이다. 프레드릭의 활약상은 후반에서 절정에 이른다. 그의 가치를 빛나게 해 준 들쥐 가

---

* 다산초당, 2010

족까지 새롭게 조명하는 결말이 독자를 기다린다.

넉넉하던 먹이도 다 떨어져 버리고 혹독한 겨울이 온다. 들쥐들은 돌담 틈새로 난 구멍에서 기나긴 겨울을 보내야 한다. '누구 하나 재잘대고 싶어 하지 않'는다. 작가는 이 장면에서 다섯 들쥐들을 보여 준다. 둘은 돌 위에 올라가 있고, 셋은 떨어진 먹이 부스러기 곁에 있다. 올라선 둘의 눈은 동그랗지만 아래에 있는 셋의 눈은 반쯤 감겨 있다. 독자는 이중 누가 프레드릭인지 구분하기 어려워진다. 혹시 들쥐들도 프레드릭을 닮아 가는 걸까? 다음 장면에서 드디어 들쥐들이 프레드릭에게 묻는다. "네 양식들은 어떻게 되었니, 프레드릭?"

들쥐들이 프레드릭의 양식에 관심을 보이는 첫 순간이다. 마치 들쥐들이 프레드릭에게 스며드는 듯하며, 새로운 이야기가 시작되는 것이다. 작가는 등장인물의 표정과 방향, 각도의 변화로 다음 상황을 짐작하게 한다. 씨줄과 날줄처럼 정교한 이야기 선으로 지어진 그림책이다. 물론 각 장의 흐름과 변화는 다시 보아야 돋보인다.

변함없는 독서의 진리는 언제나 '다시 보기'다. 나는 『프레드릭』을 여러 번 토론했으나 더 깊이 읽으려고 여전히 소개한다. 프레드릭 책 모임이 만들어지기를 기다리는 마음으로 말이다. 『프레드릭』은 나의 공저작 『질문하는 독서의 힘』에서 말한 '논제'를 품은 그림책이다. 논제란 책을 향한 질문이자, 스스로에게 돌아오는 자문이다. 내용만 훑어보면 남는 게 없지만 질문을 시작하면 다르게 보이는 책이 그림책이니 다양한 질문으로 접근해 본다. 질문은 질문자의 정체성이다. 질문에는 관심사와 가치관이 담기기 마련이다. 나는 다른 생각, 새로운 질문을 열어 주는 『프레드릭』을 '토론의 성지'라 부른다. "각 장면을 다시 보라, 장면들의 이음새를 보라, 장면들이 모여 만든 프레드릭이라는 세계를 보라." 토론자의 말문이 절로 열리는 열쇠 같은 논제 중 하나다.

「겨울이 다가오자 들쥐들은 '옥수수와 나무 열매와 밀과 짚을 모으기 시작합니다. 이와 달리 프레드릭은 '햇살' '색깔' '이야기'를 모으고 있습니다. 이를 본 들쥐들은 세 번의 질문을 합니다. "프레드릭, 넌 왜 일을 안 하니?" "프레드릭, 지금은 뭐해?" "프레드릭, 너 꿈꾸고 있지?"라고 그들은 묻습니다. 여러분은 들쥐들의 이런 질문을 어떻게 보셨나요?」

책의 부분은 물론 전체까지 보게 하는 질문이다. 들쥐들의 질문을 떼어서 볼 때는 몰랐던 새로운 물음표다. 이 논제로 토론하다 보면 들쥐들의 질문이 어떻게 달라지는지 섬세하게 관찰하게 된다.

"네 양식들은 어떻게 되었니, 프레드릭?" 들쥐들이 묻자 드디어, 프레드릭의 눈이 동그랗게 변한다. 프레드릭은 돌 위로 올라가더니 말한다. "눈을 감아 봐." 들쥐 가족은 눈을 감는다. 프레드릭이 보내 준 '금빛 햇살'이 돌을 노랗게 물들이고, 들쥐들은 몸이 "점점 따뜻해지는 것을 느낄 수 있었"다. 마법이 빛을 발하는 순간이다. 나를 천연색으로 물들였던 신해철의 음악이 떠오르는 장면이다. 신해철의 음악은 프레드릭이 말한 "찬란한 금빛 햇살"이었다.

넥스트 앨범 〈The Return of N.EX.T PART I The Being〉에 실린 노래 '날아라 병아리'를 부르던 그해 여름, 나는 난감한 전공에서 겉돌던 대학생이었다. 수학하는 뇌가 초등학교 때 사망(?)한 내가 미적분을 해야 하다니, 사회과학 분야를 탐구하고 싶었는데 앞에 떨어진 과제는 회귀분석이었다. 졸업조차 못 하리라는 불안이 엄습했지만 도움을 청할 주변머리조차 없었다. 술 한 모금 못 하는 나는 술자리에도 어울리지 못했다. 노래방 실력을 보여 주면 인기를 좀 얻을까 했으나, 술자리가 노래방보다 우선인 분위기였다. 갈 곳은 학교 도서관뿐이었다. 도서관은 나의 은신처이자 안전 기지였다. 도서관으로 걸어가던 그날 오후 '날아라 병아리'라는 노래가 들려왔다. 들쥐들의 동굴처럼 차가웠던 세상이 점점 따스해지기 시작했다. "내 두 손 위에서 노래를 부르면 작은 방을 가득 채웠지." 신해철의 목소리는 들쥐들의 몸을 따뜻하게 만들던 프레드릭처럼 다정했다.

"나도 일하고 있어." 프레드릭의 한마디는 다른 가치를 가진 타인과 공존해야 한다는 작가의 목소리였다. '나도 일하고 있으니, 당신의 가치로 나를 평가하지 마세요!'라는 명료하고 단호한 목소리다. 1968년 출간된 이 책은 고도성장과 호황을 누리던 미국 사회에 새로운 질문으로 들렸나 보다. 거침없는 경제 도약을 일구던 미국 사회에는 경쟁이 만연해 있었다. 먹고 사는 일, 생존을 제일의 가치로 여기던 때였다. 프레드릭이라는 존재는 경쟁이 팽배하던 사회에 울린 경종이었다.

매년 미국에서 출판된 가장 뛰어난 아동 그림책에 수여하는 칼데콧 상(Caldecott Medal, 1938~)은 그해 수상작으로 『프레드릭』을 선정했다. 모두가 들쥐 가족처럼 먹거리를 챙길 때 다른 양식을 모으는 프레드릭에게 손을 들어 준 것이다. 물질문명의 발달은 들쥐 가족을 만들어 낸다. 눈에 보이는 것, 생산성만이 최고의 가치로 평가받는다. 생산하지 못하는 자 먹지도 말라! 점점 부속품이 되어 버리는 인간은 프레드릭이 될 기회조차 얻지 못한다. 혹여 프레드릭이 되고 싶은 욕구를 느껴도 죄책감에 빠진다. '나는 들쥐 가족이 되어야 먹을 자격이 있어, 그래야 인정받을 거야.' 내면의 자기검열이 상상력을 가로막는다.

들쥐 가족처럼 살아왔지만 행복하지 않다는 이들을 본다. 책모임에서다. 프레드릭처럼 살고 싶지만 자신은 없다며 고개를 떨군다. 좋아하는 일이 무엇인지 아직 모르겠다는 사람도 많다. 자신이 무엇을 좋아하고, 무엇을 모아야 할지 아는 프레드릭이 부럽다는 것이다. 누군가는 프레드릭이 식량을 모으지 않는다고 흉을 보다, 자신을 안다는 것만으로도 훌륭하다고 덧붙인다. 틀림이 아닌 다름을 인정하기란 얼마나 어려운 일인지 말하는 『프레드릭』은 오래도록 읽힐 클래식이다.

프레드릭이 들쥐들에게 들려준 색들은 단순해 보이면서도 풍성하다. 파란 덩굴꽃, 노란 밀짚 속의 붉은 양귀비꽃, 초록빛 딸기 덤불이다. 조바심을 내며 "색깔은 어떻게 됐어, 프레드릭?"이라고 묻던 들쥐 가족들은 '마음속에 그려져 있는 색깔들을' 그제야 '또렷이 볼 수 있었'다. 가까운 곳에 있던 그 색들을 보려면 들쥐들처럼 애써야 한다고 작가는 말한다. 한 번이 아닌 '다시 눈을 감아'야 볼 수 있는 색임을 강조한다. 빛도, 색도, 이야기도 분명히 보려면 재차 눈을 감는 수고를 해야 함을 말해 주는 이야기다. 같은 감상을 했는데 왜 나는 보지 못할까? 자신의 안목이 부족하다고 느낄 때 우리가 할 일은 들쥐들처럼 '다시 눈을 감는 것'이다. 일본 작가 가와우치 아리오는 책 『눈이 보이지 않는 친구와 예술을 보러 가다』*에서 '전맹'인 시라토리 씨와 그림을 보러 다닌 이

---

* 다다서재, 2023

야기를 들려준다. 앞이 보이지 않는 시라토리 씨는 대화를 거듭하며 그림을 느낀다. 책에 따르면 시각은 '눈'과 '시력'보다 뇌와 관련된 문제다. 사물을 보는 행위에서 반드시 필요한 것은 사전에 축적된 지식과 경험, 즉 뇌 내의 정보라고 작가는 말한다. 풍경이든, 예술이든, 사람의 얼굴이든, 전부 자신의 경험과 기억에 기초해 해석하고 이해한다는 것이다. 우리도 프레드릭의 양식을 보고 느끼려면 각자의 경험과 기억을 움직여야 한다. 다시 눈을 감는 일, 감상은 거기서부터 시작된다고 프레드릭은 말한다. 이제 프레드릭의 마지막 양식인 '이야기'가 들려온다. "계절이 넷이니 얼마나 좋아? 넘치지도 모자라지도 않는 딱 사계절."

ⓒ 레오 니오니

그때 들쥐들은 "프레드릭, 넌 시인이야!"라고 외친다. 같은 방향으로 꼬리를 휘감고 있는 들쥐들의 뒷모습은 성숙한 관객처럼 보인다. 프레드릭은 '얼굴을 붉히며 인사'한다. 그리고 말한다. "나도 알아." 눈부신 명장면이다. 조금은 붉은 얼굴로 끝까지 자기 목소리를 내는 프레드릭. 그는 흔한 인사치레가 아닌 자신의 이야기로 무대를 마친다. 프레드릭처럼 자신의 이야기를 들려주는 시인들이 많아지면 좋겠다. 시를 들으려는 사람들이 늘어나면 좋겠다. 시인이 많은 세상은 더 다정하고, 사려 깊은 세상이다. 우리는 기꺼이 서로의 관객이 될 수 있다.

나도 프레드릭처럼 이야기를 들려주며 산다. 혼자 책을 읽으며 지냈던 때는 상상할 수 없던 내가 되어 있다. 좌식 아니면 와식의 삶을 살았던 나는 늘 혼자 책을 읽고 영화를 봤다. 조용한 방에서 불빛에 의지해 글 쓰는 시간을 좋아했다. 지금은 함께 읽고, 쓰고, 토론하는 사람이 됐다. 나의 낯가림 병을 낫게 해 준 단방약은 책 모임이었다. 수줍은 내가 할 수 있는 최대의 사교 모임이었다. 책 모임에서 받은 공감의 힘으로 조금씩 나아갔다. 지금은 큰 무대에서도 떨지 않고 이야기할 수 있는 내가 되었다. 아직 프레드릭처럼 "나도 알아."라고는 못하지만 "눈을 감아 봐."라고는 말할 수 있다. 유쾌하고, 당당하게.

이 에세이는 "세상 모든 명문들도 형편없는 초고로부터 시작된다."라는 작가 앤 라모트(Anne Lamott, 1954~)의 목소리를 떠올리며 쓴 고백이다. 첫 문장 쓰기를 주저하는 분들에게 닿기를 바라며 마지막 문장을 쓴다.

> **생각거리** 삶은 옳고 그름이 아닌 다양한 색의 어울림이라는 관점으로 토론해 보자. 작가 레오 니오니가 책 곳곳에 새겨 넣은 숨은 색깔을 찾아본다. 각자 뽑은 명장면을 나눠 보고, 토론하고 싶은 장면도 소개한다. 이 책이 오래 읽히는 이유를 다채롭게 짚어 보면 토론을 넘어 비평과 서평까지 쓸 수 있다.

김민영

이야기를 쓰는 작가들을 경애한다. 단편 소설들을 써나가는 중이다.
방송 작가와 출판 기자를 거쳐 프리랜서 작가가 됐다.
고려대학교 언론대학원에서 공부했다.
학습공동체 숭례문학당 이사로 일하고 있다.
홀로 쓴 책으로 『나는 오늘도 책 모임에 간다』, 『첫 문장의 두려움을 없애라』,
함께 쓴 책은 『서평 쓰기, 저만 어려운가요?』, 『질문하는 독서의 힘』,
『서평 글쓰기 특강』 등이 있다.
인플루언서 블로그 '글 쓰는 도넛', 유튜브 '김민영의 글쓰기 수업' 운영.

> 함께 읽으면 좋은 책

✳ 나는 이야기입니다

댄 야카리노 지음
유수현 옮김
소원나무, 2023

작가 댄 야카리노는 일러스트레이터이자 애니메이션 제작자다. 그는 인간이 지나온 역사를 보여 주며 이야기란 무엇인지 질문한다. 우리가 일상에서 접하는 이야기는 어디에서 와서 어디로 가는지 보여 주는 그림책이다.

생각거리 "나는 네가 가는 곳이면 어디든지 갈 수 있어." 프레드릭과 함께 상상의 나래를 펴며 토론하기 좋은 이야기책이다.

✳ 아무 씨와 무엇 씨

안나 파슈키에비츠 지음
카시아 발렌티노비츠 그림
최성은 옮김
옐로스톤, 2021

안나 파슈키에비츠가 글을 쓰고 카시아 발렌티노비츠가 그림을 그린 그림책이다. 아무것도 없어 보이는 아무가 있고, 늘 주목을 받던 무엇이 나온다. 아무에게도 관심을 받지 못하던 아무와 달리 무엇은 사건의 중심에 있다. 둘이 우연히 한 사건을 목격하며 벌어지는 이야기다.

생각거리 서로의 입장이 달라지는 이야기로 색다른 관점을 꺼내 볼 수 있다. 다양한 논제로 질문하기 좋은 그림책이다.

✱ 우로마

차오원쉬엔 지음
이수지 그림
신순항 옮김
책읽는곰, 2020

작가 차오원쉬엔은 어릴 적부터 화가가 되고 싶었으나 결국 포목점 주인이 된 '아빠'와 딸 '우로'의 이야기를 들려준다. 아빠는 천재적 자질을 가진 듯 보이는 우로가 화가가 되길 바란다. 그러면서 우로에게 자화상을 그려 보라고 권하게 된다. 독자는 우로와 아빠, 두 인물을 오가며 진정 원하는 삶이 무엇인가 생각한다. 마치 프레드릭이 자신의 일을 했던 것처럼.

생각거리 특유의 생동감 넘치는 묘사까지 들여다보는 섬세한 토론이 기대된다. 우로와 아빠를 중심으로 흥미로운 논제를 만들어 토론해 보자.

✱ 음악가 제럴딘

레오 리오니 지음
김난령 옮김
시공주니어, 2019

『프레드릭』을 쓴 작가 레오 니오니의 그림책 『음악가 제럴딘』이다. 생쥐의 꼬리를 '피리'로 그려낸 작가의 상상력이 돋보인다. 음악을 전혀 모르는 제럴딘이 피리 부는 치즈 쥐를 만나며 겪는 이야기다. 마법처럼 펼쳐지는 제럴딘의 이야기에서 작가는 진정한 예술과 예술가에 관한 목소리를 들려준다.

생각거리 『프레드릭』과 곁들여 보며 작가의 전작 토론에 도전해 보자. 한 작가를 깊이 읽다 보면, 작품에 관한 이해도를 높일 수 있다.

✸ 하늘을 나는 사자

사노 요코 지음
황진희 옮김
천개의바람, 2018

작가 사노 요코가 들려주는 그림책이다. 사자는 근사한 갈기에 우렁찬 목소리를 가졌다. 뜀박질, 사냥, 요리도 잘하는 사자다. "또 뛰어 봐, 또 요리해 봐." 고양이들을 날마다 대접한 사자는 결국 쓰러지기에 이른다.

<생각거리> 독자는 사자가 되기도, 고양이가 되기도 한다. 누구의 입장에서 어떤 시각을 갖느냐에 따라 다른 이야기가 될 수 있는 흥미로운 그림책이다.

✸ 초록 애벌레를 싫어한 왕자

황이원 지음
박지민 옮김
섬드레, 2023

페이지마다 이야기가 가득한 황이원의 그림책이다. "이 나라에 초록색이 없으면 좋겠어요."라고 말하는 왕자 곁의 신하들은 애쓴다. 왕국에서 초록색이 완전히 사라져 버리도록 말이다. 왕자의 소원이 이루어진 것이다. 이제, 이야기는 급물살을 탄다. 왕자가 성 밖으로 나가는 상황이 벌어진다. 자신이 싫어하는 것이 모두 사라진 세상, 왕자는 무엇을 보게 될까?

<생각거리> 『프레드릭』 전후에 곁들여 읽으면 욕구와 선택이라는 주제를 다채롭게 볼 수 있다. 왕자가 된 프레드릭, 프레드릭이 된 왕자를 상상해 보는 것은 어떨까?

(깨고 나오는 힘)

태어나도 괜찮다

김예원

사노 요코 지음, 황진희 옮김, 거북이북스, 2016

태어나도 괜찮다

고치고 싶은 습관이 있다. "이렇게 될 줄 알았으면 그냥 하지 말걸", "그때 내가 왜 그랬지?"와 같은, 한숨 섞인 말들을 자주 하는 습관이다. 내게 이런 습관이 있었다는 사실을 일깨워 준 사람은 나와 정반대 성향의 남편이었다. 안타깝게도, 결혼 10년 차를 지나고 있는 지금은 그에게도 이런 '후회'와 '미련'의 한숨들을 종종 건네곤 한다. 비슷한 말로는 "그 일을 꼭 해야 할까?"(괜히 후회하지 말고 가만히 있자), "거기 가면 뭐 특별한 게 있나?"(가면 어차피 고생인데 왜 가려고 하니), "어쩐지 처음부터 우리 입맛이 아닌 것 같았어."(그러니까 평소 먹던 걸로 시켰어야지) 등이 있다. 돌다리 두드리다 세월 다 보내는 자가 일단 건너가 보고 후회하는 자를 만났으니, 과연 부부는 하늘이 맺어 준 인연인가 보다. 나 자신이 답답해 고쳐 보려 노력해 보았지만 오래된 습관을 버리기란 새로운 습관을 들이는 일만큼이나 쉽지 않다.

후회는 과거의 잘못에 대한 감정이다. 후회를 많이 한다는 것은 지나간 시간에 자주 머문다는 의미이기도 하다. 물론 누군가에게 피해를 주는 잘못을 저질렀다면 아무리 긴 시간을 들인다 해도 충분히 후회하고 뉘우쳐야 한다. 문제는 사소한 실수나 누구도 예상하지 못한, 전혀 나쁜 의도로 한 잘못이 아니어도 자꾸 뒤돌아보며 자신을 책망하는 경우다. 돌이킬 수 없는 일에 대한 과도한 복기와 후회는 현재의 발목을 붙잡는데도 말이다. 살다 보면 익숙하지 않은 일을 해야 하거나 결과가 보장되지 않는 과정을 견뎌야 할 때도 있다. 그런 일을 앞두고 머뭇거리게 되는 건 미래에 혹시라도 찾아올 후회의 시간에 대한 앞선 두려움 때문인지도 모른다. '하지 않는 선택'은 스스로를 보호하는 일종의 방어막이다.

　매번 '하지 않는 선택'을 하곤 했던 내 마음속에 『태어난 아이』가 성큼 들어왔다. 사노 요코의 그림책 『태어난 아이』는 방어막을 깨고 나온 한 아이의 이야기다. 앞표지를 넘기면 먼저 강렬한 빛깔의 면지가 독자들을 반긴다. 빨강에 노랑이 한 스푼 섞인 듯한, 작열하는 태양빛과도 같은 색이다. 이른 새벽 구름 사이로 얼굴을 내미는 해, 세상이 열리고 태양이 온 대지를 비추는 장면이 떠오른다. 탄생, 창조, 축복 등의 단어가 머릿속을 스친다. 아이러니하게도 이런 이미지와 어울리지 않는 첫 문장이 다음 장에 이어진다. "태어나고 싶지 않아서 태어나지 않은 아이가 있었습니다."

몸에 실오라기 하나 걸치지 않은 채 푸른 우주 사이를 돌아다니는 아이. 그의 방어막은 '태어나지 않는 것'이었다. 아이는 태어나서 겪어야 하는 온갖 고통과 번뇌, 슬픔, 외로움에서 벗어난 모습이다. 별에 부딪히거나 태양 가까이에 다가가도 아무런 고통을 느끼지 못한다. 사자의 고함도 무섭지 않고, 모기에게 물려도 가렵지 않다. 그림 속 아이의 표정은 여느 아이들과 사뭇 다르다. 웃거나 찡그리지도, 놀라움과 호기심 어린 표정도 아니다. 작고 초점 없는 그의 눈동자에서는 어떤 감정도 느껴지지 않는다.

막강한 방어막

아이가 선택한 방어막은 실로 막강한 힘을 발휘한다. 마치 적들이 별별 기술을 사용해 공격을 가해도 상대의 머리털 하나 건드리지 못하는 상황이라고나 할까. 고통과 두려움, 외로움, 배고픔 모두 아이와는 아무 상관이 없는 것들이다. 그래서일까. 아이는 어디에서나 거리낌 없이 성큼성큼 걷는다. 그의 걸음처럼 그림에서도 거친 터치감이 느껴진다. 붉은색과 어두운 녹색의 가느다란 펜으로 빠르게 스케치하고 색도 입혔다. 부드러운 질감과 알록달록한 색감과는 거리가 먼, 건조하고 심지어 날카롭게

까지 느껴지는 그림체가 왠지 낯설지 않다. 무표정에 텅 빈 눈동자, 앙다문 입술의 '태어나지 않은 아이'가 바로 그림 그 자체라는 생각이 든다.

나는 아이의 이런 능력이 부러웠다. 누가 상처받고 싶을까. 고통이 찾아왔을 때 두 손 번쩍 들고 환영할 사람이 과연 이 세상에 존재하기는 할까. 돌이켜보면 나에게도 이런 특별한 능력이 생기길 바랐던 시기가 있었다. 횡단보도 한가운데에서 주저앉을 정도로 허리가 아팠을 때, 치통 때문에 며칠 밤을 눈물로 지새웠을 때, 난생처음 어지럼증과 이명을 경험했을 땐 차라리 아무것도 느끼지 못하는 길가의 돌멩이가 되고 싶었다. 외로움과 질투심, 시시때때로 찾아오는 우울감과 슬픔, 분노 등 온갖 부정적인 감정에서도 멀찍이 물러나 의연할 수 있기를 바랐다. 그럴 수만 있다면 인생이 얼마나 행복할까? 어떤 공격에도 타격받지 않을 '강철 멘털'만 있다면 지금보다 훨씬 살 만할 것 같았다.

태어난 이상 누구도 피해 갈 수 없는 생의 고통을 아이는 느끼지 못한다. 고통으로부터의 철저하고도 완벽한 해방이 '태어나지 않는 선택'의 이유이자 목적이며 결과다. 고통을 겪지 않기 위해 태어나기를 거부하는 아이에게서 낯선 길보다는 익숙한 길을 택하는 우리의 모습이 겹쳐 보인다. '이불 밖은 위험하다'며 집 안에 머무르는 일 역시 고통을 피하기 위해 '하지 않는 것'을 선택한 경우다. 물론 어떤 행동도 생(生)이라는 거대한 화두 앞에서는 작고 사소하겠지만 그 선택의 기저에 깔린 원인을 들여다보면 고통에 대한 두려움과 기피가 있지 않을까?

낯선 곳으로의 여행이 두려워 가지 않기를 선택한다면 여행 중 겪을 수 있는 크고 작은 문제, 부상, 각종 사건·사고에서도 완벽히 벗어난다. 반면, 직접 보고 들으며 얻는 세상에 대한 이해, 배움, 성장, 인생에 대한 성찰 등도 기대할 수 없다. 그렇다면 아이의 여행은 어떨까? 그는 신비로 가득 찬 우주 곳곳을 부유했고 지구의 온갖 곳을 돌아다녔다. 많은 사람을 만나고 마을을 구경했다. 한 인간의 삶으로 보자면 그야말로 풍부한 경험을 한 셈이다. 그러나 아이는 태어나지 않았기에, 이 여행이 그에게 어떤 영향을 주거나 의미가 되지 못했다. 한마디로 '죽은 여행'이나 다름없다.

여행

아이는 혹시 죽음의 시간 속을 홀로 유영하고 있는 걸까? 죽음의 상태에서는 감정을 느끼지 못한다. 이는 욕구 또한 존재하지 않는다는 의미와도 통한다. 배고픔은 생존과 관련된 생리적 욕구와, 두려움은 안전에 대한 욕구와 관련이 있다. 집단에 귀속되어 타인과 연결되고자 하는 욕구, 즉 소속 욕구가 충족되지 않을 때 우리는 외롭고 불안하다. 아이는 이 모든 감정과 욕구에서 떨어

져 있다. 많은 것을 체념한 듯 무심한 그의 표정은 다가올 죽음을 기다리는 자, 삶에 대한 기대 없이 남은 날들을 견디는 자를 떠올리게 한다. 아이는 생명이 역동하는 세계에서 홀로 죽음의 시간을 배회한다. 고통을 느낄 수 없기에 어디서나 거침없이 걷는 그가 왠지 애처롭게 느껴지는 까닭이다. 이는 비단 태어나지 않은 아이의 삶만을 의미하지 않는다. 우리 역시 죽음의 시간을 유영하듯 살아가거나, 혹은 그런 시간을 꿈꾸기도 하니까.

아침이 오지 않길 바랐던 시기가 있었다. 매일 밤 이불을 덮고 누우며 다음 날 눈을 뜨지 않았으면 했다. 30대 초반, 인생 제2막을 꿈꾸며 잘 다니던 직장을 그만두었다. 익숙했던 이름을 버리고 새롭게 도전하는 삶을 기대했다. 하지만 마주친 현실은 생각 이상으로 막막했다. 시간이 갈수록 자신감은 바닥을 쳤고 모든 화살은 과거 겁도 없이 '호기로운 선택'을 했던 나에게로 돌아왔다. '내가 그럴 줄 알았어. 왜 네 발로 뛰쳐나와서 고생이야? 설마 뭐라도 해낼 줄 알았어?' 스스로에게 쏟아내는 무지막지한 말들이 매일 환청처럼 들려왔다. 집 밖으로 나오지 못했고 누구와도 만날 수 없었다. 불면증과 무기력증, 우울과 폭식이 이어졌다. 내일에 대한 기대가 없다는 것, 기대하지 않는 내일을 또다시 맞는다는 것이 얼마나 참담한 일인지 체감했던 나날이다. 무가치한 나를 견뎌 내는 일상이 반복되었고, 스스로를 무가치하게 바라보는 시선에 몸을 떨었다.

삶에 큰 위기가 닥쳤을 때 '차라리 이 모든 게 꿈이었으면' 생각하기도 한다. 애초에 시작하지 않았더라면, 그 사람을 만나지 않았더라면, 그런 선택을 하지 않았더라면, 지금 이렇게 고통스럽지 않을 거라며 후회한다. 미워하고 책망한다. 하지만 우리는 알고 있다. 고통을 피하기 위해 아무것도 하지 않는다면 그 삶에 과연 어떤 의미가 있는지 물을 수밖에 없다는 것을. 저 아이처럼 삶의 모든 고통에서 멀어지는 것이 진정 내가 원하는 인생일까? 왜 살아야 하나? 왜 살아서 이 모든 시간을 견뎌야 하나? 아무도 그 질문에 명쾌한 답을 내려 주지 않는다. 그래서 답답하다. 생의 굴곡을 넘어갈 때마다 괴로움 그 이상의 막막함을 느끼기도 하고 방향을 잃기도 한다. 인생이란 어쩌면 매 순간 삶이 우리에게 던지는 이 불친절한 질문에 답을 찾아가는 과정일지도 모르겠다. 이 과정에서 우리는 자신에게 주어진 삶, 처음이기에 서툴고 힘겨운 인생을 조금씩 이해하게 된다. 이때 혼자가 아닌 누군가 곁에서 도움을 준다면 어떨까? 아이 앞에 나타난 한 줄기 빛이 그로 하여금 다른 선택의 가능성을 열어 주었듯, 막연하고 때론 포기하고 싶은 순간에 누군가 손을 내어 준다면 좀 더 힘을 내어 걸어갈 수 있을 것이다.

한 줄기 빛

인생의 많은 나날이 고해이지만 그 속에 드리워진 빛이 때론 생의 의미를 밝히고 다시 살아가야겠다는 용기를 준다. 아이에게도 마침내 그런 순간이 찾아왔다. 강아지에게 물려 울고 있는 여자아이의 모습을 보며, 주인공 아이의 머릿속에는 '태어났으니 저렇게 아픈 거잖아!'라는 생각과 동시에 '어디로 달려가는 걸까?'라는 물음표도 떠올랐을 것이다. 그게 아니었다면 아무 상관이 없는데도 여자아이 뒤를 따라가지는 않았을 테니 말이다. 아이는 상처받은 몸과 마음이 결코 치유될 수 없을 거라고 오랫동안 생각했는지 모른다. 여자아이를 깨끗이 씻기고 약을 발라 주는 엄마의 모습이 아이로 하여금 지금껏 한 번도 생각하지 못했던 것들을 생각하게 했다. 느끼지 못했던 것들을 느끼게 했다. 네가 상처를 입었을 때, 아파 울고 있을 때 언제든 나에게 달려와도 된다는 목소리가 아이의 귀에 들려왔던 것만 같다. 어떤 순간에도 단단한 바위처럼 움직이지 않던 그의 마음에 비로소 균열이 생기기 시작했으니까. 엄마라는 '빛'은 아이에게 태어나도 괜찮다는 마음, 상처를 입어도 나을 수 있다는 믿음을 갖게 했다. 아이는 마침내 '반창고'와 '엄마'를 외치며 태어났다.

아이를 둘러싸고 있던 방어막이 무너졌다. 아이는 두 팔을 번쩍 들고 세상 밖으로 나온다. 작은 습관 하나를 바꾸는 일도 쉽지 않은데 낯선 세상으로 걸음을 내딛는 일에 얼마만큼의 시간과 노력, 용기가 필요한지 우리는 안다. 엄마는 아이에게 모든 괴로움에도 불구하고 태어나야겠다는, 살고 싶다는 용기를 갖게 해 준 유일한 존재다. 몸에 상처가 나면 약을 발라 줄 사람, 아파 울고 있을 때 자신에게 달려와 힘껏 안아 줄 사람이 이 세상에 한 명쯤은 존재한다는 것을 아이는 알게 되었다. 그는 온 힘을 다해 저 바깥으로 발을 내딛고는 마침내 진짜 여행을 시작한다. 눈동자가 유난히 밝게 빛나는 '태어난 아이'를 보니, 나도 그의 곁에서 함께 걷고 싶어진다.

태어났기에 알 수 있고 느낄 수 있는 것들이 세상에 참 많다. 어디선가 풍겨 오는 빵 냄새에 배가 꼬르륵거리고, 모기에 물리면 간지럽다. 바람이 피부에 닿으면 기분이 좋고, 헤엄치는 물고기를 보니 손으로 만져 보고 싶다. 모든 감각이 춤추고 움직이며 반응한다. 생의 찬란함이란 진정 이런 것이란 생각이 든다. 보고 듣고 맛보고 느끼는, 기쁘고 슬프고 아프고 행복한 이 모두가 태어난 아이의 생을 이룬다. 무엇 하나 생이 아닌 것이 없다. 지금 이 순간, 각자의 색과 빛으로 찬란한 우리의 생도 그렇다.

그림책 한 권을 앞에 두고 나는 많이 울었다. 인생의 기로 앞에서 '태어나지 않는 것'을 택하곤 했던 내 마음의 저 밑바닥을 처음으로 오래 응시했다. 삶의 대부분의 순간 '태어났던' 남편에게 떨리는 목소리로 나의 이야기를 전했다. 한 발자국 앞으로 나아가는 일이 왜 그토록 힘들었는지, 얼마나 두려웠는지. 나는 아직도 망설인다. 두 손을 번쩍 들고 생을 온전히 받아들이기엔 여전히 겁도 걱정도 많아 여전히 돌다리 앞에서 한참을 서성인다. 그럼에도 이제는 한 걸음씩 떨리는 발을 내디뎌 볼 참이다. 실수하고 넘어지더라도 그런 모습들까지 넉넉하게 품어 주며 걸어가고 싶다. 생의 처음부터 마지막까지 함께할 사람, 어떤 상황에 처하든 세상에서 가장 너른 품을 내주며 안아 주어야 할 사람은 바로 나 자신이니까.

어두운 밤, 아이는 편안한 얼굴로 잠에 든다. 그림책 맨 처음에 등장한 푸른 우주처럼 아이의 방을 채우는 건 푸른 어둠과 노란 빛이다. 홀로 부유했던 저 머나먼 우주, 그리고 엄마가 있는 이곳. 두 공간은 아이의 표정만큼이나 다른 세계다. "태어나는 건 피곤한 일이야." 자기 전 엄마에게 건넨 이 한마디 뒤에는 다른 말이 생략된 것 같다. '태어나는 건 피곤한 일이지만 피곤한 게 꼭 나쁜 것만은 아니야.' 혹은 '피곤한 하루를 보내도 이렇게 푹 잘 수 있으니까 괜찮아.' 같은 말. 힘든 생이지만 그럼에도 살 만하다는, 때론 지치고 힘든 나날 속에서 후회도 하겠지만 약도 바르고 반창고도 붙이면 다시 살아갈 힘을 낼 수 있다는 아이의 목소리가 들려온다. 아니, 내가 듣고 싶은 걸까. 아직 더 많은 용기가 절실

한 나에게 아이의 말을 자꾸만 들려주고 싶다. 방어막을 깨고 태어난 저 아이처럼, 우리 역시 삶의 매 순간 자신의 방어막 밖으로 성큼 걸어 나올 수 있기를 바란다. 태어나도 괜찮으니까.

생각거리 인생을 살다 보면 원치 않은 실수와 실패를 겪고 괴로움에 허덕이기도 한다. 그럼에도 살아가야 하는 이유에 대해, 넘어져도 다시 일어설 수 있도록 힘을 준 사람이나 고마운 존재에 대해 이야기를 나눠 본다.

김예원

인생의 의미를 찾기 위해 세계 곳곳을 떠돌았다.
그 길목에서 만난 책과 글쓰기를 통해 지금은 더 넓은 세상을 여행 중이다.
매일 한 걸음씩 성장하는 삶을 꿈꾼다.
학교, 도서관, 공공기관에서 강의한다.
『한 지붕 북클럽』, 『일상 인문학 습관』, 『그림을 읽고 마음을 쓰다』를 함께 썼고,
그림책 『숲속 나무가 쓰러졌어요』를 우리말로 옮겼다.

> 함께 읽으면 좋은 책

✴ 빨간 벽

브리타 테켄트럽 지음
김서정 옮김
봄봄출판사, 2018

그림책 『빨간 벽』은 벽 너머의 세상을 궁금해했던 작은 생쥐의 이야기를 들려준다. 생쥐는 벽 너머에서 날아온 파랑새와 함께 벽을 넘는다. 모두가 두려워 엄두조차 내지 못했던 그곳에는 아름다운 세상이 펼쳐져 있었다. 우리 안의 벽과 그 너머의 세상을 마주할 용기를 주는 책이다.

<u>생각거리</u> 내 스스로 만들어 놓은 벽, 타인과 세상이 만든 벽은 무엇일까. 극복하기 어려웠던 내 삶의 '벽', 그럼에도 벽을 넘을 수 있었던 경험과 도움을 주었던 사람들에 관해 이야기를 나눌 수 있다.

✴ 100 인생 그림책

하이케 팔러 지음
발레리오 비달리 그림
김서정 옮김
사계절, 2019

0세부터 100세까지 삶에서 마주했던, 혹은 마주하게 될 순간들이 『100 인생 그림책』에 펼쳐진다. 작가는 다양한 나이의 사람들을 만나 "살면서 무엇을 배웠는지" 물었고 그 대답을 모아 책으로 엮었다고 한다. 페이지의 숫자가 더해지면서 우리가 삶에서 배우고 터득하게 되는 것이 무엇인지, 나아가 인생에 어떤 의미를 부여할 것인지 질문을 던지게 된다.

<u>생각거리</u> 우리는 인생의 어느 즈음에 왔을까. 그림책 각 페이지에 표시되어 있는 나이와 그 나이대의 인물을 살펴보면서, 앞으로 자신이 나이 들어가며 닮고 싶거나 되고 싶은 모습에 대해 생각해 본다.

✦ 태어나는 법

사이다 지음
모래알(키다리), 2023

기억하지 못하는 과거의 어느 날, 우리 모두는 이 세상에 '태어났다'. 태어난다는 것은 희망과 기쁨이 가득한 일이면서도, 동시에 고되고 힘든 일이기도 하다. 태어났기에 온몸이 찢기는 고통을 겪기도 한다. 그럼에도 불구하고 태어나야 하는 이유는 뭘까? 이 세상에 태어난 우리는 어떤 의미를 찾으며 살아가야 할까?

생각거리 태어남의 의미, 새로 태어난다는 것, 태어나는 일의 기쁨과 슬픔, 생명의 아름다움 등 다양한 키워드와 질문을 중심으로 이야기를 나눠 보자.

✦ 삶

신시아 라일런트 지음
브렌던 웬젤 그림
이순영 옮김
북극곰, 2019

신시아 라일런트의 통찰력 있는 글과 브렌던 웬젤의 아름다운 그림이 만난 '삶' 이야기. 그림책은 삶이 아주 작은 것에서부터 시작되어 점점 자라난다는 것, 나아가 우리의 삶이 놀라울 정도로 아름답고 소중하다는 사실을 들려준다. 페이지를 넘길 때마다 등장하는 동물들의 모습과 아름다운 자연 풍광이 그림책 속 '삶'의 아름다움에 푹 빠질 수 있도록 돕는다.

생각거리 우리 일상에 존재하는 사랑스러운 존재들에 대해, 나아가 삶에 어둠이 찾아온 것 같은 때에도 '모든 삶은 변한다'는 사실을 잊지 말아야 하는 이유에 대해 생각을 나눈다.

✸ 엘시와 카나리아

제인 욜런 지음
데이비드 스몰 그림
서남희 옮김
시공주니어, 2012

엄마의 갑작스러운 죽음을 겪은 소녀 엘시. 슬픔 속에 스스로를 가두었던 엘시는 카나리아 '티미'와 주변에서 들려오는 소리의 도움으로 마침내 세상 밖으로 나온다. 책은 삶에서 누구나 겪는 상실의 아픔과 낯선 세상에 대한 두려움이 때론 아주 작고 소중한 존재로 인해 조금씩 나아질 수 있음을 알려 준다.

생각거리 사소하게는 좋아했던 장난감부터 크게는 사랑하는 사람과의 이별까지, 소중한 존재를 잃었던 경험이 있다면 그때 어떤 감정을 느꼈는지, 나아가 어떻게 극복할 수 있었는지 생각해 본다.

✸ 스웨터가 풀렸어요!

자오샤오제 지음
썬라오리 그림
전은희 옮김
섬드레, 2022

빨간 스웨터를 입은 아이가 책을 들고 집을 나선다. 자신의 스웨터가 풀리고 있는지도 모른 채 계속 걸어가는 아이는 공원, 연못, 초원, 바닷가를 지나고 그 여정에서 여러 동물들을 만난다. 우리의 삶이 긴 여행이라면, 스웨터 실이 풀리는지도 모르고 길을 걷는 아이의 모습과 엄마를 만난 아이의 밝은 표정에서 인생의 중요한 부분을 발견할 수 있을 것 같다.

생각거리 아이는 왜 실이 풀리는데도 계속 걸어간 걸까? 스웨터가 다 사라졌는데도 엄마 앞에서 활짝 웃을 수 있었던 이유는? 책에 숨겨져 있는 다양한 질문을 찾으며 우리 삶의 소중한 것들에 대해 이야기를 나눠 본다.

― 일상을 기억하는 힘 ―

일상을 특별하게
만드는 마법

허유진

제인 욜런 지음, 존 쇤헤르 그림, 박향주 옮김, 시공주니어, 2017

일상을 특별하게
만드는 마법

　눈 오는 날을 좋아해 삿포로에서 한 달 살기가 버킷 리스트인 나에게 이 책은 첫눈이 오듯 선물처럼 다가왔다. 낮게 뜬 보름달을 뒤로하고 아빠와 아이가 눈 속에서 손을 잡으려는 표지 그림은 나를 사로잡기 충분했다. 다른 책들이 아이들을 위해 읽어 준 그림책이었다면 『부엉이와 보름달』은 나를 위한 그림책 같았다. 눈 덮인 마을을 보름달이 환하게 밝혀 주는 그림은 겨울바람의 찬 기운이 뺨을 스치는 것처럼, 기차 소리가 멀리서 들려오는 것처럼 생생하게 다가왔다. 눈은 밤이 쉽게 어두워지는 것을 허락하지 않았고 보름달까지 빛을 더해 숲은 마치 극을 펼치기 위해 설치해 놓은 거대한 무대처럼 보였다.

　어릴 적 나는 추운 겨울이 다가오면 하얀 눈을 설레며 기다렸고, 밤새 눈이 내리게 해 달라고 매일 기도했다. 눈이 오지 않는 날은 실망하기도 했지만, 그림책에 나오는 것처럼 푸른 여명을 안고 고요 속에 잠든 폭설을 경이롭게 맞이하는 날도 있었다. 마법사가 하얀 눈 위에 별빛을 뿌려 놓은 것처럼 나무와 바위, 장독대는 하얀빛을 반짝이며 아침을 기다리고 있었다. 그런 날은 세상을 모두 얻은 듯 벅차오르는 감정을 주체할 수 없었다.

눈은 앙상해진 나무에 두꺼운 새옷을 입혀 나무를 춥지 않게 해 주었다. 눈 오는 날만큼은 내가 털옷을 껴입어도 나무에 미안해하지 않을 수 있어 좋았다. 적당히 눈 오는 날은 오히려 따뜻했고, 눈은 커다란 이불처럼 느껴졌다. 그림 그리기를 좋아해 눈 오는 풍경도 자주 그렸는데 눈을 어떻게 색칠할까 항상 고민이었다. 자연 풍광 속에서 흰색은 엄연히 존재감을 드러내는 색이지만 하얀 도화지에는 '눈'을 표현하기가 여간 힘든 게 아니었다. 눈을 색칠하는 일은 한참 동안 풀지 못한 숙제였다.

그림 그리기보다 책 읽기를 더 좋아하면서 눈 오는 겨울을 배경으로 펼쳐진 이야기를 만나면 나도 모르게 몰입했다. 사춘기를 지나고 두꺼운 책을 읽게 되었을 때도 눈을 소재로 한 시나 눈 오는 겨울 배경의 소설을 놓치지 않고 읽었다. 책 내용이 눈처럼 시리게 다가와 쉽게 잊혀지지 않았기 때문이다.

"국경의 긴 터널을 빠져나오자, 눈의 고장이었다"로 시작하는 가와바타 야스나리의 『설국』은 주인공이 도쿄를 떠나 눈이 많이 내린 고장을 방문한다는 내용에 호기심이 생겨 읽기 시작했고,

중학교 2학년 때 본 영화 〈닥터 지바고〉는 설경을 가득 담고 있어 긴 상영 시간에도 지루한 줄 몰랐다. 영화 〈윤희에게〉도 눈이 가득한 풍경이 있다는 이유로 주저 없이 극장을 찾았다.

눈은 사람 사는 다양한 이야기를 흰빛으로 품고 위로해 준다. 겉은 차갑고 속은 따뜻한 눈의 이중성은 무거운 서사와 묘한 대비를 이뤄 문학 작품이나 영화를 오래 기억하게 한다.『부엉이와 보름달』을 읽는 내내 나는 어느 겨울 숲속으로 아빠와 함께 부엉이를 보러 간 아이의 뒤를 따라 같이 걷고 있다는 착각에 빠졌다.

부엉이와 보름달은 첫 장부터 한 편의 시 같았다. "바람은 불지 않았고, 나무도 거대한 동상처럼 가만히 서 있었습니다."라고 소리 내어 읽고 나면 추운 겨울밤, 달빛을 받아 환하게 빛나는 눈 쌓인 풍경 속에서 어디론가 향하는 아빠와 아이를 만나게 된다. 어딘가에서 들려오는 기적 소리까지 더해져 슬프고 슬픈 노래처럼 들렸다고 하니 이 한 페이지에서 겨울밤을 오롯이 느낄 수 있게 촉각과 시각, 청각을 모두 열어 준다.

농장의 개 짖는 소리, 기적 소리는 아빠와 아이가 숲으로 들어갈수록 서서히 잦아들고 고요해진다. 뽀드득 발소리만 들리고, 그림자만 움직이는 순간을 작은 새가 조용히 지켜본다. 아이는 어디까지 가야 하는지 묻지 않고, 작은 소리도 내지 않으며 묵묵히 따라간다. 부엉이를 보기 위해서는 소리를 내서는 안 된다는 말을 기억하고 벅차오르는 기대를 누르며 아빠의 발자국을 따라간다. 글보다 그림으로 더 많은 이야기를 들려주는 이 부분은 마치 시를 읽는 것 같은 착각에 빠지게 한다.

 "아빠는 하늘을 올려다보았습니다. 별자리를 찾는 것 같았습니다. 하늘의 지도를 읽는 것 같았습니다. 달빛이 아빠 얼굴에 은빛 가면을 씌웠습니다. 아빠는 소리 내어 불렀습니다. 부우우우우웅– 부우우우우웅."

 부엉이 부르는 소리를 듣고 천천히 페이지를 넘기면 그다음 이야기를 어서 지어 보라고 액자 속 그림처럼 말을 걸어온다. "달빛이 아빠의 얼굴에 은빛 가면을 씌웠습니다"라고 읽고 나면 나도 모르게 내 얼굴에도 달빛이 닿아 가면이 씌워진 게 아닌지 살짝 만져 보게 되고 두 손을 모아 "부우우우우우웅– 부우우우우웅" 하고 따라 불러도 본다.

 작가는 두 페이지를 한 면으로 만들고 가로로 길게 나누어 시선을 끌어올려 산의 높이를 짐작하게 해 준다. 얼음 손이 등을 쓸어내리는 것 같았지만 아이는 한마디도 하지 않는다. 추운 몸도 "자기가 알아서 따뜻하게 해야" 한다는 사실을 아는 걸 보면 아이는 해야 할 일을 기억하고 있는 것 같다. 키가 큰 침엽수 숲으로 들어서자 시커먼 나무 그림자 뒤에 뭔가 숨어 있는 것처럼 보여도 묻지 않는다. 어두운 숲을 뒤로 밀어 가며 앞만 보고 걸어가는 아이는 용감해야 한다고 자신을 다독인다.

달빛이 가득한 빈터에 이르자 흰 눈은 달빛에 더욱 빛나고 우윳빛보다 더 하얗게 보인다. 어둠을 벗어났다는 안도감이 들어서일까? 이제 아이는 아빠보다 앞에 서서 부엉이를 찾는다. 모자와 목도리 사이 살짝 드러난 아이의 간절한 눈빛과 두 손 모아 소리를 최대한 모으려 살짝 구부린 무릎에서 부엉이를 빨리 보고 싶다는 아이의 소망을 읽을 수 있다. 아빠가 부엉이를 부르자 드디어 저 멀리서 부엉이 소리가 들려온다. 부엉이는 그림자로 먼저 자신을 드러내고 아빠와 아이는 말없이 지켜본다.

"부엉이 그림자 하나가 커다란 나무 그림자에서 떨어져 나와 하늘로 솟아오르더니 우리 머리 위로 날아갔습니다. 우리는 말없이 지켜보았습니다. 입안에 열기가 가득히 담겨서 할 말이 가득히 열기가 되어서 우리는 아무 말도 하지 못했습니다."

이 부분을 읽으면 실제로 부엉이를 만난 것처럼 긴장하게 된다. 그리고 시각화된 이미지를 생생한 문장으로 표현하는 작업이 얼마나 흥미로운지 알게 된다. 부엉이가 나뭇가지로 내려오자 아이와 아빠는 손전등을 비춰 부엉이를 마주한다. 아이는 커다란 부엉이의 눈과 마주하며 어떤 이야기를 나누었을까? 나도 그림 속 부엉이의 눈을 보며 이야기를 나눈다. 부엉이는 이제 커다란 날개를 펴고 '소리 없는 그림자'가 되어 숲으로 날아가고 아이와 아빠는 그동안 금지되었던 소리를 살려 낸다.

"이제 집에 가야지?"

부엉이를 만났다는 벅차오름이 말을 삼키게 했던 걸까? 크게 웃어도 되고 말을 해도 되지만 아이는 소리 없는 그림자가 되기로 한다. 아빠의 말 하나하나, 자연의 풍광 하나하나가 아이의 몸에 새겨지는 순간이다. 나도 이제 그림책 밖으로 나가야 하지만 책을 덮지 못하고 오래도록 아이와 아빠의 뒷모습을 잡고 있다. 나도 아빠 등에 업혀 말없이 집으로 간다. 나의 기억 속 겨울을 헤매며 어린 나와 악수한다.

책 속에 등장하는 아이는 오빠들을 둔 막내 같았다. 오빠들은 이미 여러 번 부엉이를 보러 갔을 테고 그런 모습을 지켜보던 아이는 '언제 나도 부엉이를 보러 갈 수 있을까?' 생각하며 손꼽아 기다렸을 것이다. 큰오빠가 혼자 갔을 때도, 두 오빠가 같이 부엉이를 보러 갔을 때도 아빠와 떠나는 오빠들의 뒷모습을 보며 부엉이를 언젠가 보러 갈 거라며 빨리 크기를 바라고 바랐을 것이다. 형제 중 막내는 가족들의 관심과 귀여움을 받지만 자기 차례를 기다려야만 하는 힘든 위치다. 그런 기다림이 간절함을 부르고 적극성을 키운다. 그러고 보면 우리 집 네 아이 중 막내의 목소리가 가장 큰 것도 이유가 있었다.

부엉이를 보러 가는 일은 자격을 갖춰야 갈 수 있다. 추운 밤을 버텨야 하는 체력과 밤의 어둠을 두려워하지 않는 용기, 부엉이를 만나더라도 소리 지르지 않을 만큼의 담대함, 부엉이를 만나지 못하더라도 다음을 기약할 수 있고 그 과정을 즐길 줄 아는 여유가 아이의 마음에 자리해야 비로소 부엉이를 보러 가는 기회를 얻게 된다. 책 속의 아빠는 아이가 그런 조건을 갖출 때까지 어떻게 기다려 주고 상상력을 불러일으켜 주었을까? 둘은 사랑과 신뢰의 끈끈함을 차곡차곡 쌓아 왔다는 것을 표지의 맞잡은 손을 보면 알 수 있다. 그래서 아이는 아빠의 발자국을 따라 어두운 숲에서도 앞으로 쭉쭉 나아간다. 아빠도 아이를 믿고 묵묵히 앞장 서 걸어간다. 숲에서 소리를 내면 부엉이가 달아날 수 있으니 조심조심 말도 삼간다. 이 장면은 경외감마저 불러일으켜 나도 숨을 조절한다. 이런 숲으로의 동행은 기다림과 용기를 배우게 한다.

나의 아버지는 그림책 속의 아빠가 아이를 데리고 부엉이를 만나러 묵묵히 앞장서 갔던 것처럼 자연 속에서 많이 놀아 주셨다. 어머니는 아버지에게 재미있고 쉬운 일만 한다고 타박하셨지만 나와 동생들은 그 혜택을 충분히 누렸다. 마른 체형의 아버지는 그렇게 한바탕 아이들과 놀고 나면 몇 시간이고 낮잠을 즐기셨다. 평소 말을 아끼던 아버지였지만 우리에게 옛날이야기를 들려줄 때면 봇물 터지듯 이야기를 이어나갔고, "이제 끝!"이라고 이야기를 끝내려 하면 우리는 "그래서 어떻게 됐는데?" 하며 다음 이야기를 궁금해했다. 그럴 때면 아버지는 잠깐 생각에 잠기셨다가 "그래서 어떻게 됐냐면……" 하며 신나게 이야기를 들려주셨다.

아이를 키워 보니 아이들이 원하는 만큼 책을 읽어 주고 이야기를 지어 내는 일이 얼마나 힘든 일인지 알게 되었다. 아버지의 그런 에너지는 어디서 왔는지 지금도 알 수 없다. 다 끝난 이야기도 새로운 인물이 등장하고 사건이 생기면 다시 이어질 수 있다는 것을 아버지를 통해 배웠다. 지구가 나침판을 제 몸에 품고 있듯 힘들 때마다 나는 아버지의 이야기 속에서 힘을 얻고 방향을 찾는다.

책의 마지막 아빠가 아이를 안고 집으로 향하는 모습도 인상적이었다. 그림책의 앞부분에서 묵묵히 걷던 모습과 대비를 이룬다. 양쪽에 서 있는 나무는 마을을 향해 길을 내어주는 것처럼 보이고, 아이의 임무 완수를 축하하는 듯 아빠는 아이를 안고 마을로 간다. 뿌듯함을 간직하며 집으로 돌아가는 동안 아이는 자기도 모르는 사이 경험의 시간을 압축해 담아 둘 것이다. 그런 시간이 쌓여 아이들은 성장한다.

나에게도 그런 순간들이 있었다. 떠가는 구름과 규칙적인 매

부엉이 구경을 가서는
말할 필요도.
따뜻할 필요도 없단다.
소망말고는 어떤 것도 필요가 없단다.
아빠는 늘 이렇게 말했습니다.
저렇게 눈부신
보름달 아래를,
침묵하는 날개에 실려,
날아가는
소망 말이에요.

ⓒ존 쇤헤르

미 소리, 늘어진 호박잎을 몇 시간씩 바라보며 끝없는 상상 속으로 빠져들었던 여름 방학! 책 속 문장의 숲을 헤치고 다니며 등장인물들을 만나 함께 여행을 다닐 수 있었던 시간들은 나의 내면을 채워 주곤 했다. 성장은 눈물을 재료로 한다는 것도 커 가며 알게 되었다. 내가 조금씩 삶의 의미를 궁금해하고 생각이 깊어졌던 계기는 바로 그런 순간들이었다. 아이들을 낳고 기르는 동안 간절함으로 지켜봐야만 했던 불면의 밤과 눈물이, 나는 앞으로 어떻게 살아가야 할까 고민했던 날들이 나를 조금씩 키웠다. 그날의 움츠림은 세월이 흘러 성장의 기지개가 되어 준다는 것도 알게 되었다. 덕분에 힘들었던 날들도 웃으며 돌아볼 수 있는 여유를 갖게 된다.

  나는 요즘 동화와 시를 쓰며 생활에 활력을 유지한다. 추억을 이야기로 엮는 과정에서 스스로를 위로하기도 하고 다른 이들에게 그 힘을 나눠 주기도 한다. 나의 지난 하루하루가 모여 동화책이 되고 오랜 기억이 그림으로 생명력을 얻어 아이들의 마음을 움직이게 하는 일은 할수록 뿌듯하다. 일상을 소재로 한 이야기는 사람을 흔드는 힘이 있고 그 힘은 오래 간다. 그런 소재로 이야기를 만들면 반복되는 일상이라도 특별한 날이 된다. 같은 그림이나 사진을 보아도 사람마다 눈길을 끄는 부분은 다르다. 어떤 이는 즐거웠던 기억이, 어떤 이는 아픔의 기억이 발목을 잡는다.

나는 이 책의 표지를 보고 아버지가 겨울에 즐겨 쓰시던 털모자를 찾아냈다. 어린 시절 꽁꽁 언 부엉이를 우리 집에 데려온 밤에도 쓰고 계셨다. 나의 푼크툼(punctum)*이었다. 끝내 살리지 못했지만 부엉이와의 짧은 만남은 지금까지 생생하다. 이 일은 내가 동화를 쓰기 시작했을 때 제일 먼저 소재로 다루었고 어린 나를 위로하듯 부엉이를 살려내 숲으로 보내는 내용으로 마무리했다. 모자를 보자마자 마법 상자를 연 듯 지나간 기억들이 서서히 부풀어 움직이기 시작했다. 이 책은 언제든 보고 있으면 추억이 떠오르고 다시 소재를 찾을 수 있는 보물창고다. 지금도 내 책상에 자리한 내 인생의 그림책이다. 액자 대신 보고 싶은 페이지를 펼쳐 놓고 그림을 감상하기도 한다.

    은퇴하신 아버지와 나는 동화를 쓴다. 아버지가 만든 이야기를 즐겨 듣던 나는 일상이 버겁거나 우울할 때 아버지가 써놓은 옛이야기를 보며 웃음을 살려 낸다. 연필로 꼭꼭 눌러쓴 아버지의 원고를 컴퓨터로 옮기는 일은 힘들지만 재미있다.

---

* 사진에서 다른 사람에게는 아무런 영향을 끼치지 않지만 자신에게만 강렬하게 다가오는 꽂힘.(롤랑 바르트의 『카메라 루시다』에 언급된 용어)

그림책에 나온 기적 소리 들리는 마을을 생각하며 이른 새벽 글 쓰는 시간은 하루 중 가장 소중하다. 멀리서 심장처럼 뛰며 새벽을 가르는 전철 소리에 맞춰 머릿속에 반짝 떠오르는 이야기, 언젠가 들었던 이야기를 글로 옮긴다. 이야기를 들어 줄 아이들을 기다리며…….

생각거리 그림책에도 속도가 있다. 어떤 책은 빠르게 책장을 넘기며 노래하듯 읽어야 하고 어떤 책은 작가가 펼쳐 놓은 감정을 느리게 따라가야 한다. 『부엉이와 보름달』은 다른 그림책에 비해 느리게 읽기를 권한다. 책에 나오는 그림과 글을 오감으로 느끼며 부모님과 함께했던 순간들, 아이와 같이 만들었던 추억을 떠올려 보면 좋겠다. 그림책을 덮는 순간 잊고 살았던 평범했던 일상이 또 하나의 그림책으로 묶여지는 마법을 경험하게 될 것이다.

허 유 진

동시, 동화, 소설, 시나리오 등 다양한 글쓰기를 즐긴다.
정원을 가꾸며 자연과 일상에서 소재를 찾는다.
아이들에게 책 읽어 주는 일을 가장 가치 있는 일로 여기고 이를 실천하며
친정아버지와 함께 동화를 쓴다. 성인이 된 네 자녀와 그림책으로
밤새도록 이야기꽃을 피우기도 한다.
학교, 도서관, 연수원에서 독서 교육과 영화 토론, 글쓰기를 강의하고 있다.

> 함께 읽으면 좋은 책

✹ 파라는 망고나무를 사랑해!

사르탁 신하 지음
강수진 옮김
찰리북, 2023

망고를 좋아하는 파라는 어느 해 망고가 열리지 않게 되자 실망하지만, 할아버지의 도움으로 나무의 다른 모습을 보게 된다. 할아버지는 바로 해결책을 제시하기보다 조용히 그네를 만들며 파라에게 시간을 주고 지켜봐 준다.

생각거리 이 책은 망고 열매가 열리지 않아도 스스로 삶을 풍요롭게 만드는 파라의 모습을 통해 독자들에게 마음의 여유를 느끼게 해 준다. 아이와 함께 책을 보며 망고가 열리게 하려면 어떤 일을 해야 하는지 이야기 나눠 본다.

✹ 달콤한 문제

다비드 칼리 지음
마르코 소마 그림
바람숲아이 옮김
웅진주니어, 2023
(Editions Sarbacane)

어떤 예고나 전조도 없이 '쿵' 하고 어떤 문제를 맞닥뜨리게 되면 우리는 어떻게 할까? 철학자, 군인, 과학자, 소설가, 몽상가 등이 문제를 풀기 위해 노력하지만, 허사로 끝난다. 주민들이 어떻게 해야 할지 방법을 찾지 못하고 있을 때 나비 소녀는 무언가를 발견한다.

생각거리 문제가 달콤하게 느껴지려면 어떻게 해야 할까? 지금 해결해야 할 문제로 머리가 아프다면 이 책이 다른 시각을 열어 줄 것이다.

✶ 나도 그거 할 수 있어!

브리타 테켄트럽 지음
김서정 옮김
주니어RHK, 2024

그림책에도 사계절이 있다면 이 책은 가을이다. 수북이 쌓인 낙엽이 있는 숲을 배경으로 큰 고슴도치와 작은 고슴도치의 이야기가 펼쳐진다. 아이들은 또래에게서 배움을 얻기도 하고 어른이나 자기보다 나이가 많은 사람들의 행동을 유심히 보고 따라 하기도 한다. 책은 콜라주와 판화로 작은 고슴도치가 세상을 배워 가는 과정을 반복적인 어휘로 재미를 더한다.

생각거리 서툴지만 "나도 그거 할 수 있어!"라고 외치다 보면 내가 가장 잘하는 것은 무엇인지 알게 된다.

✶ 토끼들의 밤

이수지 그림
책읽는곰, 2013

이수지 작가의 『토끼들의 밤』은 우리가 그동안 갖고 있던 시각을 바꿔 주는 그림책이다. 작가는 토끼들의 모습을 통해 자연과 동물, 인간과의 공존을 깊이 생각하게 한다. 읽기 전에는 제목을 보면서 어떤 내용이 담겨 있을지 이야기 나누며 상상력을 키울 수 있다. 아이스크림 트럭을 몰고 밤길을 운전하는 아저씨와 토끼들 사이에 어떤 일이 벌어졌을까? 여름밤 아이들과 함께 보기 좋은 책이다.

생각거리 글 없이 그림으로만 엮은 책이어서 이야기가 끝나고 책 제목을 어떻게 바꿔 볼 수 있을지, 뒷이야기는 어떻게 되었을지 무한한 상상력을 자극하는 활동으로 연결해 본다.

✷ 책을 열면

양쓰판 지음
섬드레, 2024

작가는 단순하고 따뜻한 그림으로 책이 무엇이고, 어떤 활동을 할 수 있을지 보여 준다. 이야기를 짓기 좋아하는 아이라면 매번 다른 이야기로 다가올 그림책이다.

생각거리 전체를 하나의 이야기로 이어도 좋고, 책을 펼친 곳을 하나의 단편처럼 지을 수도 있다. 책 속에서 관계와 사랑, 놀이, 상상력을 배우게 하려는 작가의 의도가 잘 드러나는 책이다.

✷ 구름을 키우는 방법

테리 펜·에릭 펜 지음
이순영 옮김
북극곰, 2022

주인공 리지가 평범한 구름을 데려와 이름을 붙여 주고 함께 살아가는 이야기다. 제목의 '키우는'이라는 단어에 집중해 보면 '키운다'라는 의미에 언젠가 떠나야 한다는 의미도 같이 떠올릴 수 있다. 리지는 항상 함께하고 싶은 구름을 위해 키우기의 마지막 미션인 '자유롭게 놓아주기'를 수행한다.

생각거리 책을 읽으며 아이들과 어떤 구름을 데려오고 싶은지, 나라면 구름을 어떻게 키우고 어떻게 보내 줄 것인지 대화하며 읽기 좋다. 더 나아가 구름의 다양한 이름도 함께 배워 보는 기회를 만들 수 있다. 비가 많이 오는 장마철, 구름 이야기로 지루함을 덜어 줄 수 있는 책이다.

나를 위한 '선 긋기'

오숙희

노인경 지음, 문학동네, 2016

나를 위한 '선 긋기'

관계에 어려움이 찾아오면 펼쳐 보는 그림책이 있다. 노인경 작가의 『곰씨의 의자』다. 가로 25cm, 세로 15cm의 책 안에 관계에 대한 내밀한 이야기가 담겨 있다. 크게 눈에 띄는 구석은 없다. 하지만 난 이 책을 수백 권의 책들 사이에서 단박에 찾아낼 수 있다. 마치 군중 사이에서 어미가 자식을 알아보듯 책을 반긴다. 숱하게 집어 들었고 사정없이 끌어안으며 비벼댔기에. 『읽기의 말들』*에서 저자는 "책장이 오른쪽에서 왼쪽으로 반원을 그리며 넘어갈 적마다, 책은 다친 새끼를 핥는 어미의 혀처럼 상처 입은 내 존재의 살갗을 거듭거듭 핥아 주었다."고 말한다. 내가 책을 아끼고 사랑하는 이유다. 글과 그림을 품은 그림책은 선, 색, 이야기가 어우러져 읽는 이의 마음을 달래 준다.

---

* 박총 지음, 유유, 2017

그런 날이 있다. 곁을 내준 이와 잘 지내다가도 삐걱 불편함이 찾아올 때. 관계는 종종 돌부리에 걸려 넘어지듯 힘들다. 그럴 때면 서둘러 『곰씨의 의자』를 펼쳐 든다. 공원 벤치처럼 옆으로 길쭉한 책은 이야기 무대가 되는 곰씨의 의자와 꼭 닮았다. 표지를 보고 있노라면 곰씨가 자리 한 켠을 내준다. 그럼 난 냉큼 앉아 그에게 마음을 기댄다. 잠시 어깨를 빌리듯. 책장을 넘기기 전 보들보들한 커버를 쓰다듬는다. 꾸깃꾸깃 구겨진 마음을 펴듯. 이어서 초록빛 감도는 회색 표지가 술렁였던 마음을 잠재운다. 감각이 열리고 호흡이 골라지면 안온함이 깃든다.

책에 귀를 기울이면 그림책에서는 어떤 소리도 새어 나오지 않지만, 마지막 장을 덮을 때면 귓가엔 곰씨의 다정한 속삭임이 들린다. "힘들 땐, 말해도 돼!" 갑갑한 마음을 슬며시 토닥이며 알은체해 주는 곰씨. 책이든 사람이든, 심정을 헤아려 주는 것만큼 귀한 일은 없으리라. 이 책을 처음 발견하고는 나와 성향이 비슷한 사람들 손에 들려 주었다. 타인과 관계 맺고 함께하는 시간을 즐거워하지만 이내 혼자 머무는 것을 선호하는 내향형의 사람들. 책을 읽고 엄지척을 올려 주었다. 자신이 느낀 고민과 갈등이 곰씨 모습에 그대로 담겼다며 마음의 데칼코마니 같다 했다. 꺼내자니 속 좁아 보이고 삼키자니 병날 것 같은 순간들. 불편했지만 살피지 않았던 마음을 곰씨 이야기를 통해 마주하게 된 것이다.

이후 『곰씨의 의자』로 유치원생부터 시니어까지. 사적 모임을 넘어 공적인 만남까지 다양한 이들과 이야기를 나눴다. 나이와 성별을 넘어 관계에 대한 이야기가 홍수 터지듯 쏟아졌다.

취향이 비슷하면 끌린다. 곰씨는 햇살이 눈부신 날 시집 읽기를 기꺼워하며 여유를 즐기는 부류다. 이어폰을 꽂고 한쪽엔 가방을 다른 한쪽엔 방석을 들고 길을 나서는 그. 긴 의자에 앉아 호로록 차를 마신다. 살포시 눈을 감고 음악을 즐기는 모습이 보는 이마저 평온해진다. 나 역시 그런 시간을 사랑한다. 서둘러 아이들을 학교로 보내고 일하러 가듯 단장한 후 동네 커피숍으로 가 구석에 앉는다. 갓 볶은 원두 향을 천천히 음미한다. 책을 펼쳐 문장을 살피며 고요함 속에서 기운차게 시간을 보낸다. 행복이란 걸 맛본다. 곰씨가 다리를 꼬고 앉아 햇살을 맞이하는 모습에 내 모습을 포갠다. 그 행위의 참맛을 알기에.

삶은 늘 예상치 못한 곳에서 고요함이 깨진다. 어느 날, 커다란 배낭을 멘 토끼가 나타나면서 이야기는 시작된다. 곰씨는 토끼에게 "몹시 지쳐 보이는군요. 누추하지만 제 의자에서 잠시 쉬었다 가시지요."라며 자신의 의자를 내어 준다. 크기도 색도 다른 두 존재가 하나의 의자에 앉는다. 우연한 만남에도 자신의 공간을 기꺼이 내놓는 곰씨. 자신이 겪은 모험담을 유쾌하게 풀어내는 토끼. '공룡만 한 애벌레'가 등장하는 황당한 이야기에도 웃음

꽃이 피어난다. 환대와 공감이 자리한다.

곰씨와 탐험가 토끼 사이에 새로운 등장인물이 나타난다. 무척이나 슬퍼 보이는 무용가 토끼. 이번엔 탐험가 토끼가 너른 마음으로 곁을 내준다. 이후 둘은 결혼했고 아이들이 태어났다. 계속 불어나는 아이들로 인해 탐험가 토끼와 곰씨가 맺었던 관계는 물감 번지듯 커졌다. 이내 곰씨의 의자엔 빈틈을 찾아볼 수 없었다. 토끼 가족은 매일 곰씨를 찾아왔고 모두가 즐거웠다. 곰씨만 빼고 말이다. 매일 곰씨를 찾는 토끼 가족으로 인해 그가 좋아하는 시집 읽기, 음악 감상은 먼 나라 이야기가 되고 만다.

무언가 말을 해야 할 때다. 곰씨는 꾹 참다 토끼 가족에게 나름의 용기를 내어 자신의 생각을 전한다. "여러분과의 시간은 더할 나위 없이 재미있답니다. 그런데 제가 차를 마실 때 아이들은 음악을 먹고, 아니아니 빵을, 그게 아니라 제 꽃이…… 아, 제가 무슨 말을 하는 걸까요?" 상대에게 상처 줄까 싶어 해야 할 말을 온전히 하지 못하는 그. 굵은 땀을 뚝뚝 흘리는 모습은 보는 이의 마음마저 초조하게 한다. '저만의 시간이 필요해요' 한 문장이면 될 것을. 그게 어렵다. 우물쭈물 모습에 답답함과 안쓰러움이 더해진다. 어쩐 일인지 남의 일 같지 않다. 그의 모습에서 익숙한 감정의 그림자가 겹쳐 보인다. 해야 할 말을 입에 넣고 꺼내지 못해 이리저리 굴리던 나. 할 말 가득 끌어안고 있는 곰씨도, 그의 입에서 무슨 말이 나올까 눈과 귀를 모아 바라보는 토끼 가족도 서로의 마음이 닿지 않음에 야속할 뿐이다.

　마음이 넉넉할 때야 상대의 힘겨움을 받아 줄 수 있다. 평온했던 마음이 불편함으로 물들자 곰씨는 자신의 공간을 오롯이 누리기 위해 고군분투한다. 가히 몸부림에 가깝다. 누구도 자신의 의자에 앉지 못하도록 몸을 쭉 펴고 눕기. 제 자리만 남겨 두고 의자에 페인트 칠하기. 의자 위에 커다란 바위 얹어 두기. 심지어 자신

이 아기는 긴 의자에 똥을 누는 일까지 자행한다. '똥'이라니! 교양 일색이던 그가 생각해 낸 방법에 헛웃음이 나왔다. 마음이 헝클어지니 시야마저 뿌옇게 된 것이다. 그의 절규가 메아리친다.
"말도 안 돼! 날 보고 더 이상 어쩌란 말이야. 내가 얼마나 노력했는데. 난 세상에 다시 없는 친절한 곰이라고."

세상에 다시 없는 친절한 곰인데 어찌 토끼에게 의자에서 비켜 달라는 말을 한단 말인가. 속이 뭉그러지는 한이 있어도 예의 있

ⓒ노인경

는 사람, 친절한 곰이라는 타이틀을 포기할 수 없다. 상대방을 향해 불편함을 말하지 않는 친절함, 거슬리는 것을 참아 내는 착함을 지켜야 했다. 그러기에 거절의 말을 저 밑바닥부터 끌어올려도 결국 목구멍으로 도로 삼키게 된다. 친절한 것이 정체성의 덕목이라 생각하는 내향형에게 곰씨의 모습은 낯설지 않다.

　나는 I(내향형)이다. 『곰씨의 의자』로 이야기를 나눌 때면 등장하는 성격 유형. MBTI 성격 유형별 테스트는 몇 가지 질문으로 검사자의 성향을 범주화한다. 테스트 후 '너는 이런 성향의 사람이야'라는 결과지를 받고 미소와 함께 고개를 끄덕였던 기억이 난다. 머뭇거리거나 조심스레 행동하면 소심하다 했다. 적극적으로 들이대면 너무 나댄다는 눈초리를 받았기에. INFJ-A '차분하고 신비한 분위기를 풍기는 성격으로 다른 사람에게 의욕을 불어넣는 이상주의자' 다정한 문구에 성향을 존중받는 듯 감동이 일었다. 성격을 몇 가지 범주로 담아낼 수 없다는 걸 알면서도 나의 성향을 정답지마냥 들여다봤다. 내향형의 나는 첫 만남에서 낯선 이와 마주하는 것이 세상에서 제일 힘들다. 먼저 다가가기보다 누군가 손 내밀어 주기를 바란다. 내민 손이 어떤 손인지 꼼꼼히 살핀 후 다가선다. 나와 맞는 사람인지보다 나를 곤란에 빠트릴 것 같지 않은 사람이라는 확신이 들면 가까워진다. 그렇다면 곰씨는 E(외향형)일까 I(내향형)일까. 첫 만남에 덥석 자리를 내주는 곰씨라면 E형? 내향형의 토론자들이 바라본 곰씨는 I형에 가깝다. 토끼에게 곰씨가 의자를 내준 건 호기심이나 적극성보다는 상대를 생각하는 마음이 더 짙기 때문이라 말한다. 여러 정황상 그는 부인할 수 없는 내향형이라며. 하고픈 말을 입에 담고 끙끙 앓는 곰씨의 모습. 눈짓과 발짓, 표정까지 우리는 닮은 꼴 내향형이다.

"나도 그렇다." 여러 곰씨들이 공감을 표했다. 그들은 곰씨가 의자 한 켠을 내준 것이 마치 모든 것을 공유한다는 뜻은 아니었다 말한다. 누군가의 힘듦을 보고 지나칠 수 없어 건넨 손길이었다고. 하지만 뻗친 손이 한없이 밖으로 향할 수 없으며 자신의 영역을 지켜야 했다고 입을 모았다. 그것이 어려웠을 때 곰씨에게 토끼 가족은 버거움으로 다가온 것이다. 곰씨에게 거절의 언어는 어쩌면 상대를 부정하는 것일지도. '친절한 곰씨' 타이틀이 마음에 들어서가 아니다. 관계를 살피느라 아니 눈치 보느라 의중을 드러낼 수 없었다. 세심한 감각과 배려심을 장착한 상대가 알아서 선을 지켜야 했다며 입을 모았다. 반면 외향형의 사람들은 토끼 가족 입장을 대변했다. 혼자 지내는 곰이 안쓰러워 일부러 찾아간 것이다. 상대의 불편함을 살피지 못한 것이 친절하지 않은 것은 아니다. 토끼 가족 나름의 배려 방식이다. 그들이 가장 자신 있는 방법으로 곰씨를 살핀 것이라고. 아픈 곰씨를 머리부터 발끝까지 보살폈다. 곰씨의 눈물을 보며 덩달아 훌쩍였다. 가슴팍에 안겨 우는 그를 달래 주었다. 이것이 어찌 다정하지 않다 할 수 있겠냐며.

　곰씨가 놓쳤던 것은 무엇일까. 불편함이 스며들어 관계에 빨간불이 켜지는 순간 내면을 살펴야 했다. 덮어 두고 가라앉기를 기다리면 작은 일에도 휘청이게 된다. 치고 들어오는 상대가 부담으로 느껴진다면 서둘러 나만의 선 긋기를 해야 한다. "이제 그만"이 아닌 "잠시만!". 그간 마음이 힘들었다고 고백하는 것, 가끔 혼자 있고 싶다고 말하는 것은 상대를 향한 무례함이 아니다. 숨길이 지나갈 수 있는 물리적 거리의 필요성은 나와 상대 모두를 위한 일이다. 더 깊고 진한 사이로 나아가기 위해 쉼표가 필요하니까.

　관계에서 시선은 매우 중요하다. 곰씨가 자신의 의자에서 밀려나 귀퉁이에 앉았을 때 토끼 부부는 자신들의 행복에 취해 곰씨를 바라보지 못했다. 타인과의 관계에서 상대방의 시선을 놓치게 되면 사이는 벌어지게 된다. 감각이 예민한 사람은 타인의 시선을 살피는 것은 물론이거니와 상대방의 말투와 행동까지 살핀다. 본다는 것은 육체적인 것과 정신적인 것 모두를 통해 누군가를 살피는 것이다. 보이는 것을 넘어 보이지 않는 '선'까지 더듬어 살피는 세심함은 상대에 대한 존중이다.

그림책에서 색은 언어다. 주인공 곰씨는 하얗고 투명하다. 자신의 모습을 드러내지 못했기에 자신을 드러내는 선명한 색을 갖지 못했다. 반면에 자신이 하고 싶은 것을 마음껏 누리는 토끼는 붉은색, 주황색, 푸른색 등 총천연색으로 그려진다. 보기에도 활력이 넘치고 에너지가 돈다. 둘의 색 대비는 성향 차이만큼이나 커 보인다. 결심한 곰씨가 마음속의 이야기를 조금씩 하기 시작하면서 얼굴에도 불그레한 기운이 감돌기 시작한다. "저는 여러분이 좋아요. 하지만 그동안 저는 마음이 힘들었어요." 그는 그동안 말하지 못했던 속마음을 한 올 한 올 풀어 놓는다. 그러자 노란색, 붉은색, 주황색이 곰씨의 몸에 깃들었다. 감정을 흘려보내니 색이 채워졌다. 곰씨의 고백은 일방적인 하소연이 아닌, 솔직함을 정중하게 드러내는 예의이자 자신만의 색을 찾아가는 여정이 되었다.

『곰씨의 의자』에 나오는 이야기는 복잡하거나 어렵지 않다. 좋은 시작이 불편함으로 연결될 때 어떻게 거리를 두어야 하는지, 무어라 표현해야 상대의 마음도 다치지 않고 자신도 지킬 수 있는지 생각하게 한다. 서로의 '선'을 존중해 주는 것.

우리는 각자의 마음에 의자 하나씩을 가지고 있다. 그 폭과 너비가 다르며 곁에 앉히는 이도 다르다. 의자에 앉아 누군가를 반갑게 맞이하며 신나게 즐기기도 하지만, 혼자만의 내밀한 시간을 보내는 곳이기도 하다. 나의 의자는 어떤지, 누구에게 손을 내밀어 곁을 내주었는지, 혹은 언제 마음을 거두었는지, 나는 누구의 의자에 앉아 보았고 누구의 의자로부터 거절당했는지, 그림책을 붙잡고 마음의 의자를 살펴본다.

작가는 말한다. "쌀알의 개수를 세는 일, 깨끗이 씻어 둔 콩알 중에 특이하게 생긴 콩알을 찾아내는 일"처럼 아주 세밀한 이야기, "매끄러운 콩알들 사이의 못난 콩 같은, 관계에 둥글게 적응하지 못하고 우둘투둘 상처 난 마음"을 곰씨를 통해 들려주고 싶었다고 말이다. 불편함에 지지 않고 그것과 마주하고 넘어서기 위해서 우린 용기를 내야 한다는 걸 작가는 이야기의 물결로 전해 준다.

관계의 서툶으로 마음에 난 상처를 어루만져야 할 때 『곰씨의 의자』로 공감이라는 빨간 약을 발라 본다. 내 주위엔 나와 결이 닮은 사람들이 많다. 곰씨1, 곰씨2, 곰씨3…… 수많은 곰씨가 눈치를 살피고 서로의 선을 지키며 지낸다. 이들은 자신과 타인의 경계를 살피는 데 탁월하다. 친근함이라는 이름표를 붙이고 상대를 향해 불쑥 치고 들어가지 않는다. 그러나 타인의 발길이 자신의 영역을 침범하는 순간, 불편함을 느낀다. '잠시만요!' 일단정지를 누르는 용기가 필요한 곰씨들. 자신과 타인의 선을 헤아리기 위해, 지키기 위해 더듬거리는 말로 노력하는 이들에게 박수를 보내며 살포시 이 책을 건네 본다.

생각거리 관계에서 생기는 내밀한 이야기. 꺼내기엔 부끄럽고 덮어 두자니 돌덩이처럼 무거울 때가 있다. 성향이 다른 이와의 만남에서 어떻게 자신의 영역을 지키는지, 각자의 의자는 어떤 상태인지 살펴본다.

(오 숙 희)

문장을 살피고 오롯이 서는 삶을 흠모한다.
책과 사람을 잇는 토론.
글과 글을 마주하게 하는 일.
공공기관, 연수원, 학교에서 강의하고 있다.
에세이 『그림을 읽고 마음을 쓰다』를 함께 썼다.

> 함께 읽으면 좋은 책

✦ 세 친구

류하이치 지음
뤄링 그림
장명숙 옮김
섬드레, 2023

　예상하지 못한 순간 관계의 틈은 벌어지고, 서로를 탓하다 마음에 생채기를 낼 수도 있다. 각자의 역할을 인정하고 도와주며 사이좋게 지냈던 세 친구는 느닷없는 '쥐'의 출현으로 사이에 금이 가고 만다. 과연 이들은 갈등을 어떻게 풀어 나갈까? 『세 친구』는 관계에서 드러나는 문제 상황을 분명하고 야무지게 풀어낸 책이다.

> **생각거리**　서로를 탓하다 관계가 멀어진 세 친구에게 내가 해 줄 수 있는 이야기는 무엇일까? 갈등을 풀기 위해 외부의 손길을 받는다면 누구에게 요청하고 싶은지도 함께 고민해 보면 좋은 책이다.

✦ 왼손에게

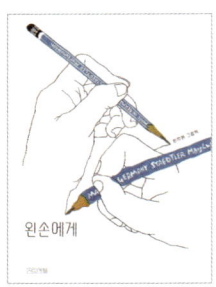

한지원 지음
사계절, 2022

　가장 가깝고 친근한 사이지만 마음에 가시가 돋기 시작하면 금세 골이 깊어진다. 글쓰기, 밥 먹기, 양치하기 등. 하루 종일 부지런히 움직이는 손. 모든 힘든 일은 혼자 다 한다고 생각하는 오른손은 반지와 팔찌, 시계까지 좋은 것만 하는 왼손이 얄밉다. 왼손 입장에서도 오른손에게 섭섭함이 있다. 친한 사이에 두껍게 쌓인 오해는 과연 어떻게 풀어질지 궁금함을 가지고 뒷장을 넘기게 되는 그림책이다.

> **생각거리**　관계에서 '참을 만큼 참았어!' 오른손처럼 느낄 때, '나도 잘하고 싶다고!' 왼손처럼 느낄 때는 언제인가?

✦ 이 선을 넘지 말아 줄래?

백혜영 지음
한울림어린이, 2022

두 마리의 새가 들려주는 서로의 취향과 존중에 관한 이야기다. '우리 사이에 이깟 선이 뭐라고'라는 태도로 상대방에게 냅다 들이대는 무례함은 이제 그만. 좋아하고 사랑한다면 상대방의 선을 지켜줘야 한다. 나에게 좋은 것이 누군가에게 좋지 않을 수 있음을, 상대의 선 긋기가 거절의 의미가 아님을 받아들이며 말이다. 서로의 다름을 살피고 인정하는 것은 우리의 몫이다.

생각거리 "나의 취향은?" "가장 가까운 사람의 취향은?" 서로 닮은 점과 다른 점을 찾아보며 이야기 나누기 좋은 책이다.

✦ 모자를 보았어

존 클라센 지음
서남희 옮김
시공주니어, 2016

우리의 관계를 위해 나의 욕망을 살포시 눌러 놓을 수 있을까? 하나의 모자를 두고 동시에 마음을 빼앗긴 거북이들, 과연 그 모자는 누구의 차지가 될까? 때로는 관계를 위해 포기해야 하는 것이 있다. 손에 쥐지 않고 놓아줄 때 배려라는 이름이 떠오르며 관계는 더욱 빛나게 된다. 복잡하지 않은 그림체에 관계를 향한 마음이 고스란히 녹아있는 작품이다.

생각거리 하나를 두고 동시에 마음이 빼앗겼다면 어떻게 해야 할까? 관계를 위해 좋아하는 것을 포기해 본 적이 있는지 살펴본다.

핑!

아니 카스티요 지음
박소연 옮김
달리, 2020

관계 속에서 서로 주고받는 마음을 핑퐁 게임으로 표현한 그림책이 있다. 내 쪽에서 환한 웃음으로 '핑'을 날려도 상대방이 보내는 '퐁'은 다를 수 있다. 같은 미소일 수도 있지만, 두려움, 언짢음, 무반응일 수도 있다. 그렇다고 손톱을 물어뜯어 가며 초조해할 필요는 없다. '퐁!'은 친구의 몫이니 말이다.

생각거리 내가 '핑'을 가장 많이 날리는 상대는 누구? 나에게 가장 멋진 '퐁'을 던지는 사람은 누구일까?

적당한 거리

전소영 지음
달그림, 2019

관심이 지나쳐 물이 넘치면 뿌리가 물러지고, 너무 소홀하면 말라 버리는 식물. 화분의 식물이 잘 자라는 이유는 식물 간의 거리를 잘 살피고 적당한 때에 물을 주기 때문이다. 사람 사이의 관계도 그렇다. 너무 가깝지도, 혹은 너무 멀지도 않은 딱! 적당한 거리. 그것은 서로를 향한 존중의 거리다. 너와 내가 같지 않음을 받아들이고 거리를 유지하는 일이 관계에도 필요하다고 작가는 식물을 통해 전하고 있다.

생각거리 관계에서 필요한 '적당한 거리'. 누군가와 너무 가까워져 힘들었던 경험이나 가까워지고 싶었지만, 거절당해 속상했던 이야기를 나눠 보자.

(소심함이라는 힘)

소심함 때문에
모든 게 달라졌어요

오수민

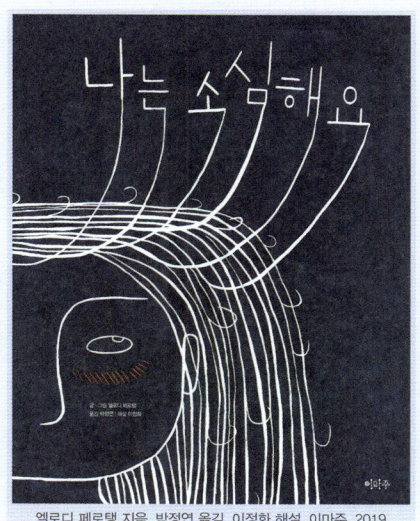

엘로디 페로탱 지음, 박정연 옮김, 이정화 해설, 이마주, 2019

소심함 때문에
모든 게 달라졌어요

　마음을 사로잡는 그림책을 찾고 싶었던 나는 그날도 인터넷 검색을 하고 있었다. 『나는 소심해요』의 표지를 본 순간, 세상의 소리가 사라진 듯 나의 주변이 조용해졌다. 짙은 파란색 바탕에 흰색 선으로 얼굴 반쪽만 보여 주는 소녀의 얼굴이 보였다. 눈, 코, 귀는 얼굴에서 적당하게 자리를 잡고 있었지만, 소녀의 입이 없었다. 위로 올라간 꼬불거리는 머리카락을 이용해서 소심하다고 알려 주는 소녀에게 난 왠지 모르게 끌렸다. 소녀는 머리카락 여섯 가닥으로 '나', '는', '소', '심', '해', '요'라는 글자를 하나씩 가리키며 '나는 소심해요'라고 소리 없이 외친다.

　앞표지에서 왜 소녀의 오른쪽 얼굴 절반만 보여 주었는지도 짐작했다. 다른 사람들의 시선을 두려워하며 사람들 눈에 띄고 싶지 않고, 우습게 보이거나 따돌림을 받을까 걱정해서였다. 뒤표지에는 소녀의 왼쪽 얼굴만 나오는데, 흰 바탕에 파란색 선으로 얼굴을 그려서 소녀가 달라진다는 것을 예고한다. 어린 시절부터 소심하다는 말을 듣고 자란 프랑스 작가 엘로디 페로탱이 소심함을 받아들이면서 행복한 삶을 살게 되었다는 자전적 이야기였다. 그는 자신의 소심함을 받아들이며 행복한 삶을 살게 되었다고 한다.

작가의 말에서 페로탱은 다른 사람의 시선 아래로 숨으려고 하는 내밀한 성향에 대해 이야기를 하고 싶었다고 썼다. '나는 왜 소심할까' 이유를 알고 싶었던 페로탱은 그림을 그리고 글을 쓰면서 자신의 모습을 발견하고, 소심해 보이는 시선들과 마주했다. 그녀처럼 나의 모습과 세상을 발견하고 싶었던 난 '소심함이란 어떤 능력인가'라는 질문을 꺼냈다. 그림책 모임에서 이 책을 펼쳤고, 작가가 걸었던 길을 따라가기로 마음먹었다. 소심한 사람들이라면 이 책으로 의견을 나누면서 감정과 느낌을 표현하기를 바랐고, 나와 다른 성향을 가진 사람이라면 숨고 싶어 하는 이들이 왜 그런 행동을 하는지 이해하게 되지 않을까 기대했다.

부산의 한 책방에서 이 책을 읽고 그림책 모임 사람들과 만났다. 모두 고개를 숙인 채 종이에 열심히 무엇인가 쓰고 있었고, 자리로 가면서 흘깃 보니 토론할 때 제공하는 논제 출력물에 의견을 적느라 정신이 없었다. 인사를 한 후, 미리 적지 않아도 된다고 이야기했다. 그들 중 한 명이 말했다. "무슨 말을 해야 할지 몰라서요. 이렇게 해야 마음이 편해요." 사람들은 고개를 끄덕였다. 잘못 말하면 어쩌지 걱정하는 모습이었다. 작은 일 앞에서도 주저하는 이들은 책에서 자기 모습을 발견했다고 말했다. 책 읽은 소감을 전하고 논제에 대한 의견을 나누면서 소심한 성격 때문에 괴로웠던 심정과 잊지 못할 사연을 털어놓으면서 눈물을 흘렸다. 어떤 책이기에 책 모임을 울음바다로 만들었을까?

앞표지 뒤에는 산이 불쑥불쑥 솟아 있는 면지가 있고 이야기가 시작되기 바로 전 낯선 속지가 나온다. 어라? 주인공의 몸이 틈에 끼어서 왼쪽만 보인다. 마치 몸 오른쪽이 책 뒷공간에 파묻혀 빠져나오지 못하는 듯하다. 페이지 사이 틈에 낀 것처럼 보이는 소녀는 세상 밖으로 나올까 망설인다. 손은 주머니에 넣어서 보이지 않고, 부끄러움 때문인지 귀밑부터 팔다리, 발가락까지 붉게 달아올라 있다. 바깥으로 나가고 싶지만 소녀에겐 용기가 없다. 언제쯤 사람들 사이로 들어가야 할지 그 순간을 잡지 못하고 망설인다. 큰 소리로 웃으면서 이야기하는 사람들이 부럽지만 소녀는 꼼짝하지 못한다.

몇 장을 더 넘기면 빨간색 확성기를 든 어른이 똑바로, 더 크게 말하라고 소녀를 윽박지르는 장면이 나온다. 겁에 질린 소녀는 확성기 앞에서 쪼그라들고 만다. 누군가는 큰 소리로 말하는 게 쉬운 일이겠지만 자기는 부끄러워서 그럴 수가 없다고 속삭인다. 아무에게도 들리지 않는 목소리로 말이다. 온몸이 빨갛게 물든 소녀처럼 지냈던 기억이 떠오른다. 초등학교 2학년 때 남자아이들이 계속 놀려서 울다가 선생님을 찾아간 날이었다. 선생님이 혼내 줄 것이라고 기대했지만 예상과 달랐다.

"얘야, 도대체 무슨 말을 하는지 알아들을 수가 없다. 똑바로 말해 봐." 선생님은 느닷없이 화를 냈다. 나는 억울했지만 아무것도 할 수 없었다. 목소리는 밖으로 나가야 하는데 어떻게 된 일인지 목구멍 안으로 사라졌다. 그 후로 나는 내 자신을 믿지 못했고, 누군가의 눈빛이나 말 한마디에 몸을 기댔다. 칭찬받으면 그보다 더 기쁜 일이 없는 사람처럼 굴었고 다른 이의 기분에 따라 한순간에 날아오르고 또 바닥으로 떨어졌다.

소녀도 나와 비슷해 보였다. 큰 소리로 이야기하는 사람 앞에서 소녀는 소파에 파묻혀 있다. 소녀의 얼굴, 손, 팔, 발은 빨간색 선으로 그려져 있는데, 소녀의 몸은 소파의 노란색 무늬로 뒤덮여 있다. 입이 그려져 있지 않은 소녀는 빨갛게 물든 발 위에 다른 발을 조심스럽게 겹쳐 놓은 채 상대방을 쳐다보고 있다. 앞에 앉은 여자는 입을 커다랗게 벌리고 말하는데, 소녀는 상대방의 눈치만 본다. 내면에 하고 싶은 이야기를 담아 두기만 하는 소녀는 풍경처럼 자리 잡고 있을 뿐이다.

'소심하다'는 말은 '대담하지 못하고 조심성이 지나치게 많다'

는 의미를 갖고 있다. 내가 지나온 길이 바로 소심이라는 의미와 닮아 있었다. 난 다른 사람이 어떻게 볼까 두려워했다. 착한 아이라는 틀에서 벗어날까 걱정하고, 별것도 아닌 말 한마디를 하기 전 수십 번 망설이는 아이. 다른 사람이 한 말에서 걸리는 부분이 있으면 가슴에 남아 상처를 받고, 부족한 모습이 사람들에게 들통날까 초조해하는 소녀. 내 감정은 생각하지 않고 남에게 맞추기 위해서 안간힘을 쓴다. 힘들어도 표현하지 않고 참는 어른.

남의 시선과 욕구에 끌려다닌 나는 그 침침한 세계에 더 빠져들고 싶지 않았지만 쉽지 않았다. "이 일을 해라, 내 말대로 해라, 너는 왜 내가 하는 말을 안 듣니?" 누군가의 말이 떨어지면 내 몸은 자동으로 그쪽을 향했다. 다른 사람이 원하는 대로 하지 않으면 무슨 일이 일어날 것처럼 불안했다. 가족, 친구, 동료 모두 무서운 얼굴을 하고 내 옆에 있는 것만 같았다. 내 생각과 감정의 주인은 언제나 타인이었다. 하나가 끝나면 또 다른 장애물이 앞을 가로막았다. "저는 하지 않겠습니다."라고 말하지 못하고, 타인에게 휘둘렸다. 어깨 위에 모두의 말을 짊어지고 있는 소심한 겁쟁이는 장벽 위를 넘어가지 못했다.

난 항상 달라지고 싶었다. 할 말이 있을 때 당당하게 이야기하고, 싫은 것은 싫다고, 좋은 것은 좋다고 시원하게 말하고, 원하는 일이 있을 때 자신 있게 손드는 사람이 되기를 바랐다. 현실의 나는 정반대였기에 늘 궁금했다. '난 왜 소심한 걸까? 태어날 때부터 아니면 자라면서 이렇게 된 걸까? 아니면 부모님 때문일까?' 질문만 반복했다. 사람들의 기분이 상하지 않도록 애를 쓰며 나 자신에게는 "너는 무엇을 원하니? 네가 하고 싶은 일이니? 네 감정은 지금 어때?"라는 말을 다정하게 건네지 못했다.

작가는 하고 싶은 말을 하지 못하고 지내는 사람들을 위해 그림책 면지에 여백을 만들어 두었다. 흰색 바탕에는 보이지 않는 사연들이 담겨 있다. 사람들 앞에 설 생각만 해도 하얗게 질리고 마는 소심한 사람들의 마음은 흰색이 아닐까? 여백 뒤에는 두 페이지에 걸쳐 흰 바탕에 파란색으로 뾰족뾰족한 큰 산들이 그려져 있다. 소심한 소녀 앞에 얼마나 많은 시련이 기다리고 있을지 예고하는 이 장면은 그림책 뒷부분에 다시 등장한다. 뒤에서는 파란색 바탕에 흰색 선으로 산들이 채워져 있다.

그림책 전체에서 나를 가장 사로잡은 장면이다. 양쪽 면이 파란색으로 칠해진 바탕에 흰색으로 산이 그려진 그림 왼쪽에서 소녀가 나타난다. 소녀는 무서움에 뒷걸음을 치며 산에서 내려간다. 잠시 후, 산 아래에 있던 소녀가 올라가는데 아래로 떨어지고 만다. 용기를 잃지 않고 또 도전하지만 빙벽처럼 날카로운 산이 앞을 가로막는다. 소녀는 엉금엉금 꼭대기까지 기어오르지만 미끄러워서 주르르 내려가더니 엉덩이부터 풍덩 하면서 물속으로 들어간다. 물에서 빠져나온 소녀의 머리카락에서는 물방울이 뚝뚝 떨어지고, 기운이 빠진 소녀는 어깨를 축 늘어뜨린 채 다시 산을 오른다. 힘들게 넘어가나 싶던 소녀는 다시 물에 떨어져 버리지만 포기하지 않는다. 용감하게 산꼭대기에 서더니 다이빙하는 자세를 잡는다. 스스로 물에 뛰어든 소녀는 한 손으로 코를 잡고 헤엄쳐서 가파른 산을 다시 올라간다. 마지막 산에 오른 소녀는 다리를 활짝 벌리고 물속으로 뛰어든다. 이 소녀는 어떻게 앞으로 계속 나아갈 수 있었을까?

소심한 기질을 바꾸고 싶어 하던 간절함은 나를 괴롭히기만 할 뿐 도움이 되지 않았다. 감정을 살피지 못해서 잘못된 선택을 했고, 자신감이 떨어졌다. 미래에 대해 기대를 할 수 없었다. 불현듯 글을 쓰고 싶다는 생각이 들었다. 왜 이런 모습이 되었을지 이유를 찾을 수 있을 것 같아서였다. 이런 모습이 어디에서 시작되었는지 중요한 순간을 기록한다면 어떨까? 조금씩, 다른 사람이 원하는 것을 하면서 기뻐하는 사람의 모습을 지우고 새로운 삶으로 색칠해 나갈 수 있으리라 믿었다.

어린 시절 기억나는 순간부터 쓰기 시작했다. 소심해서 힘들었던 순간, 현재의 모습이 되는 데에 영향을 미친 사건, 두려워한 것들에 대해 적었다. 새벽 6시에 일어나 100일 동안 쓴 후 두려움이 소심한 나를 만들었다는 사실을 깨달았다. 이후 1,000일 동안 말하지 못했던 일들을 적기 시작했다. 경험했던 일을 소설 형식을 빌려 쓰면서 난 글쓰기라는 도구가 상처를 치유할 수 있다는 사실을 알게 되었다.

첫 소설은 중학교 때 악몽에 관한 이야기였다. 그 꿈을 꾼 자신이 무서워서 약 40년 동안 비밀로 간직했다. '죄인'이라는 주홍글씨는 부젓가락처럼 가슴속을 헤집었다. 다른 사람에게 말할 용기를 내지 못했기에 선택한 방법은 소설이었다. 난 글을 쓸 때마다 그 범죄 현장으로 돌아갔고, 사건은 더 세밀하고 구체적으로 묘사되었다. 같은 소재의 소설을 열 번쯤 새로 쓰자, 어둠 속에 가려져 있던 비밀이 드러났다. 부모의 폭력 앞에서 무력했던 아이가 안에 분노를 쌓아 두었고, '현실'이 아닌 '꿈'에서 표출했다는 것을. 글을 쓰는 동안 나는 내면의 두려움을 이해했고, 상처에서 해방되었다. '나'를 위로하고, 자기 자신과 화해하는 기쁨을 누릴 수 있었다.

글쓰기를 하던 중 심리 상담을 시작했다. 사람들과 관계를 맺으면서 어려움을 겪던 사건, 두려워서 대처하지 못한 상황을 말하며 상담사와 함께 왜 그랬는지 원인을 살피는 시간을 가졌다. 내가 한 말과 심리상담사의 조언을 기록하며 비슷한 일이 벌어질 때 어떻게 반응할지 준비할 수 있었다. 상담을 시작한 지 1년이 지난 뒤에 상담사의 권유를 받고 정신과에 가 볼 용기도 냈다. 의사는 내게 ADHD 진단을 내렸다. 소심한 성격 때문에 드러나지 않았던 질환이었다. ADHD는 주의력이 부족하여 산만하고, 충동성을 보이는 장애다. 맡은 일은 끝없이 미루면서도, 하고 싶은 일이 생기면 앞뒤 가리지 않고 뛰어드는 내 성향을 이해하게 되었다.

남편 신용카드로 진료비를 결제하는 바람에 남편도 나의 증상을 알게 되었다. 처음엔 남편 앞에서 말하지 못했으나 곧 『나는 소심해요』의 주인공 소녀가 힘들게 산을 오르내리던 장면이 떠올랐다. 높은 산에서 쿵 떨어져서 물속으로 가라앉았는데 빠져나온 소녀를 생각하며 나도 포기하고 싶지 않다는 마음이 들었다. 상담을 받기 시작한 이유와 정신과에 가게 된 과정, ADHD를 진단받은 일까지 천천히 이야기했다. 미끄럽고 높은 산이 앞에 있었지만, 내 입에서 흘러 나간 말은 그 산을 타고 올라갈 수 있었다.

소녀가 분투하던 장면을 다시 펼쳤다. 산봉우리가 연필심처럼 보였다. 소녀는 성장하면서 수많은 고통을 겪었던 그곳에서 마음속 이야기를 써 내려간 연필을 발견했다. 그림책 마지막 장면에서 연필과 연필심으로 이루어진 산이 양쪽 면에 그려져 있는데, 이번에는 중간 틈에 소녀의 오른쪽 몸이 보인다. 그림책 앞쪽 속지에서 틈에 끼어 있던 소녀의 왼쪽 몸과 맞대어 주면 한 몸이 된다. 부끄러워하던 소녀의 첫 모습과 딴판이다. 소녀가 빨간 색연필을 들고 입술 선을 그려 넣자, 비어 있던 공간에 입이 생겼다. 뒤 면지에서 소녀의 웃는 얼굴, V자를 그리면서 높이 든 손, 위아래로 자유롭게 흩어진 머리카락이 보인다. 산을 오르내리는 동안 소녀가 글쓰기라는 커다란 선물 상자를 발견했기에, 인생 제2막이 시작되었다. 이제 소녀는 자기 이야기를 할 수 있는 힘을 가졌다. 소녀의 모습에서 나를 본다. 소녀와 같은 선택을 한 나, 소심함을 떼어 버리려 하지 않고 내 것으로 인정한 나, 두려움을 참으려고 하지 않는 나…… 내가 발견한 수많은 나는 이제 말하기가 힘들면 가만히 있어도 좋다고 알려 준다. 소심함은 극복해야 할 대상이 아니었다. 자기 모습을 있는 그대로 받아들이자 안에서 긍정의 에너지가 차올랐다. 그때부터 마음속에서 '나를 사랑해, 사랑해, 사랑해'라고 속삭이는 소리가 들리기 시작했다. 소심함이라는 힘은 행복 지수를 힘껏 끌어올리는 역할을 했다. 얼마 전 나를 행복하게 하는 것들을 헤아려 보았는데, 스무 개가 넘었다. 5분도 걸리지 않았다. 이제 난 삶을 사랑하고, 행복한 사람으로 변신했다.

 내면에 있는 '소심함의 힘'에 매료된 나는 사람들과 함께 나누고 싶어졌다. 『나는 소심해요』 그림책 모임을 할 때마다 '소심함'이 어떤 능력인지 토론하고, 적는 시간을 배치했다.

ⓒ 엘로디 페로탱

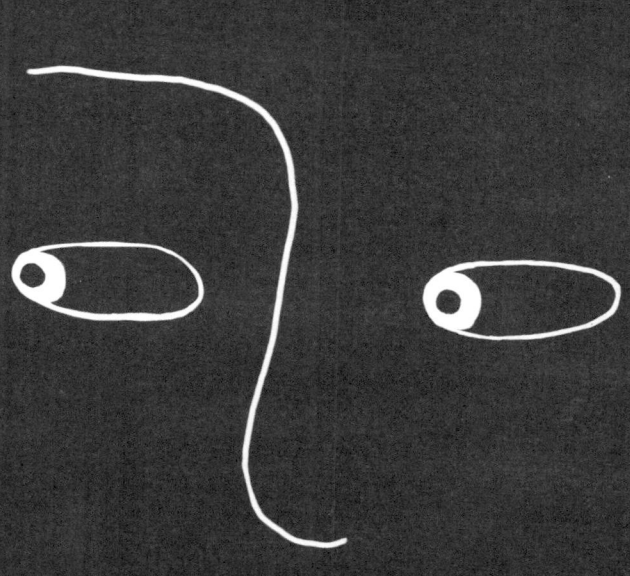

어느 날, 누군가 말했어요. 소심함은 병이 아니라고요.
사람들은 이런 내 모습 그 자체를 사랑한다고요.
소심함은 상대의 말을 잘 들어 주는 능력이고,
깊이 생각할 수 있는 능력이라고요.
큰 소리나 커다란 몸짓으로
반응하지는 않지만
편안함을 주기에
함께하길
좋아한다고요.

"소심함은 병이 아니라고요.

사람들은 이런 내 모습 그 자체를 사랑한다고요.

소심함은 상대의 말을 잘 들어 주는 능력이고,

깊이 생각할 수 있는 능력이라고요."

난 소심함이 어떤 힘을 가지고 있는지 계속 발견했다. 소심한 사람들은 소심함이 장점이 될 수 있다는 사실을 놀라운 눈으로 보았다. 그들은 자기와 비슷한 성향을 가진 사람들의 이야기를 듣고 싶어 했고, 공감을 받을 때 몹시 기뻐했다. 활달한 기질을 가진 사람들은 자신을 드러내기 어려워하는 이들의 입장을 생각해 보게 되었다고 말했다. 〈숭례문학당 어린이 글쓰기 지도자 과정〉을 신청한 사람 중에는 『나는 소심해요』로, '나'다운 모습을 표현하는 방법을 소개하는 글쓰기 글감을 만들어 오는 분도 나타났다. 소심함의 힘이 뭉쳐지니 태산 같은 힘이 되었다.

엘로디 페로탱은 자신의 소심함을 좋아하게 되었다고 고백했다. 나도 이제 소심함을 사랑한다. 소심하지 않았다면 글로 쓰고 싶은 이야기를 쌓아 두지 못했을 것이다. 상처마다 이야깃거리가 되었다. 소심함은 변화하고 싶은 계기가 되었고, 글을 쓰고 싶어 하는 욕망을 키워 주는 원동력이었다. 없애야 할 병이 아니었고, 내면과 소통하도록 도와주는 선이었다. 소심함이라는, 그 아름답고 멋진 힘은 내 얼굴을 다정한 눈으로 바라보고 있었다.

시련으로 다가왔던 수많은 산꼭대기에서 소녀가 연필을 발견해서 다행이다. 소심하지만 용감하고, 포기하지 않는 소녀 덕분에 나도 앞으로 나아갈 수 있다는 사실을 배웠다. 그리고 하고 싶은 이야기를 글로 자유롭게 쓸 수 있게 되었다. 마음속에 깊이 새겨진 일, 느꼈던 감정을 종이에 옮길 때마다 몸에 생기가 돈다. 평온, 고요, 행복, 열정, 욕구, 선택, 자유라는 단어가 어떤 의미를 갖고 있는지 이젠 안다. '소심함이라는 힘'은 생각보다 세다.

생각거리 그림책 모임을 할 때 "소심함은 (   ) 능력이다."라는 문장을 제시한다. 각자 빈 공간을 채우고, 어떤 능력인지 생각하는 이유를 적은 후 이야기하는 시간을 가진다.

오수민

그림책을 통해서 매일 배우고 그 힘을 믿는다. 삶에서 변화가 찾아올 때마다
중요한 역할을 했다. 숙명여대 이학박사로 대학에서 강의를 하다가
숭례문학당에 와서 『오리건의 여행』으로 토론을 한 후 그림책과 글쓰기를
사랑하게 됐다.
학교, 도서관, 교육청에서 독서 토론과 글쓰기 강의를 할 때 그림책을 넣는다.
숭례문학당 강사이며, 홀로 『아이들이 마음으로 글을 씁니다』를 썼고,
함께 『그림책 모임 잘하는 법』, 『온라인 책 모임 잘하는 법』,
『일상 인문 학습관』을 썼다. 블로그 '오리건의 글쓰기 여행',
유튜브 '오리건의 글쓰기 여행'을 운영 중이다.

> 함께 읽으면 좋은 책

✦ 어떡하지?

하마다 케이코 지음
최준란 옮김
섬드레, 2023

고민이 많은 '나'는 매 순간 '어떡하지?' 하면서 할까 말까 주저한다. 『나는 소심해요』에서 얼굴에 입이 그려져 있지 않은 소녀처럼 하고 싶은 말이 있어도 망설인다. 그러는 동안 순식간에 머릿속에 이런 나, 저런 나, 수십 개의 내가 만들어진다. 결정하기 어려워하는 사람이 스스로 선택할 때까지 기다리는 법을 안내하는 그림책이다.

생각거리 그림책 모임 또는 글쓰기 활동할 때 사용하면 좋은 작품이다. 어떻게 하면 될지 고민했던 경험과 그때의 자신의 목소리를 옮겨 적는다.

✦ 이까짓 거!

박현주 지음
이야기꽃, 2019

비 오는 날, 우산이 없는 소녀는 걱정스럽다. 우산을 들고 와 줄 어른도 없다. 같은 반 친구인 준호가 나타나 소녀에게 "넌 안 가냐?"며 말을 건넨 후, 가방을 머리에 이고 달린다. 비가 세차게 쏟아지는 장면은 환한 노란색으로 물들고, 분홍색 티셔츠를 입은 소녀는 "이까짓 거!" 하고 외치며 용감하게 빗속으로 들어간다. 작은 용기가 필요한 이들이 아낄 그림책이다.

생각거리 질문을 만들고 생각을 나누기에 좋다. 소녀의 이름은 왜 나오지 않았을까, 준호는 왜 소녀를 혼자 두고 가 버렸을까, 내가 "이까짓 거!"라고 말하고 싶을 때는 언제였을까?

✦ 조금 부족해도 괜찮아

베아트리체 알레마냐 지음
길미향 옮김
현북스, 2014

부족한 게 많아서 걱정하는 이들이 주인공인 작품이다. 몸에 구멍이 있는 아이, 꼬깃꼬깃 접혀 있는 아이, 물렁물렁해서 늘 피곤한 아이, 몸이 거꾸로 뒤집힌 아이, 찌그러진 공처럼 생긴 아이…. 완벽한 아이에게 쓸모없다는 비난을 받던 이 아이들은 부족하다고 여긴 것들을 다르게 보기 시작한다.

<생각거리> 어딘가 하나씩 부족한 친구들이 단점을 말할 때 그림에서는 어떻게 표현되었는지 이야기를 나눈다. 단점이라고 여긴 것을 장점으로 바꿔서 말할 때 토론이 활발하게 진행된다.

✦ 배운다는 건 뭘까?

채인선 지음
윤봉선 그림
미세기, 2014

배운다는 건 무엇인지 알고 싶은 소녀가 성장하는 과정을 담은 그림책이다. 호기심이 넘치는 소녀는 배운다는 것은 읽으면서 배움을 넓히는 일임을 배운다. 또 어떤 일은 마음으로 배워야 하고, 배운다는 건 멋진 일임을 깨닫는다. 소심한 소녀가 "나는 왜 소심한 걸까요?"라는 질문을 놓치지 않았기에 자신을 있는 그대로 받아들이는 법을 배운 것처럼 배움에 대한 물음으로 채워 나가는 모습을 볼 수 있다.

<생각거리> 필사하면서 보면 좋을 그림책이다. "배운다는 걸 뭘까?" 질문하면서 자기만의 답을 찾아가 볼까? 서로 경험한 것을 공유하면서 새로운 방법을 찾아본다.

✹ 오리건의 여행

라스칼 지음
루이 조스 그림
곽노경 옮김
미래아이, 2017

서커스단에서 갇혀 지내던 곰 오리건과 어릿광대 듀크가 커다란 숲이 있는 오리건을 향해 여행을 떠난다. 두 친구는 몸의 감각을 따라 자연 속으로 가라는 랭보의 안내를 받으며 고흐의 〈까마귀가 있는 밀밭〉에 나오는 들판으로 들어간다. 황금빛 들판에서 꿈과 자유를 실은 바람이 불어온다. 시인 아르튀르 랭보, 화가 빈센트 반 고흐, 그림책 작가 라스칼과 루이 조스 그리고 삶의 주인이 되고자 하는 이들의 그림책이다.

생각거리 모임에서 한 명이 낭독하고 다른 사람들은 그림에 집중하면서 읽는 방법을 추천한다. 인상 깊은 장면을 선택해서 느낀 점을 나눈다.

✹ 착한 달걀

조리 존 지음
피트 오즈월드 그림
김경희 옮김
길벗어린이, 2022

착하다는 말을 듣고 싶고, 인정 욕구가 크고, 완벽하고 싶은 달걀이 주인공이다. 착하려고 노력할수록 마음은 부서지고 녹초가 된다. 이마에 금이 쫙쫙 간 계란은 달라지기로 결심한다. 산책을 하고, 독서를 하고, 명상을 하고, 일기를 쓰고, 자기만의 시간을 가지면서 생각에 잠긴다. 스스로에게 집중하고, 자신에게 필요한 게 뭔지 시도하고, 정체성을 찾아가고 싶은 분에게 권한다.

생각거리 착한 달걀처럼 나에게 집중할 수 있는 방법을 목록으로 만들어 본다. 시도해 본 일이 있다면 경험과 느꼈던 감정도 적는다.

> 용기 내는 힘

울타리 너머엔 다른 삶이 있다

우신혜

마리아 굴레메토바 지음, 이순영 옮김, 북극곰, 2019

울타리 너머엔
다른 삶이 있다

　그림책 『울타리 너머』는 그림책 읽기 모임에서 우연히 만났다. 짙은 구름이 낀 하늘 아래 초록 들판이 앞표지 대부분을 차지하고 있다. 그 들판에서 자그마한 주인공이 등을 보인 채 홀로 서 있다. 누군가의 뒷모습을 보는 건 그의 마음을 훔쳐보는 것만 같은데 어쩐지 쓸쓸하게 느껴졌다. 빨간색 윗옷을 입은 주인공의 시선을 따라 나도 멀리 보게 되었다. 직사각형 표지의 그림은 마치 오래된 사진처럼 내 마음을 한참이나 붙잡았다.

　아기 돼지 소소는 소년 안다와 식탁에 마주 앉아 있다. 말이 많은 안다 앞에서 소소는 늘 듣기만 한다. 어느 날 소소는 산책하러 나갔다가 우연히 멧돼지 산들이와 마주친다. 산들이는 같이 달리자고 하지만 소소는 돌아가야 한다며 다시 와 달라고 부탁한다. 어느 저녁, 다시 나타난 산들이는 덫에서 빠져나오느라 며칠 걸렸다며 미안해한다. 산들이는 또 숲에서 달리자고 하지만 소소는 울타리 너머로는 갈 수 없다고 대답한다. 산들이는 내일 해 질 녘에 다시 오겠다고 말한다. 소소는 산들이를 만날 수 있을까?

제대로 소통이 이루어지지 않을 때 사람들은 외로움을 느낀다. 떠들썩한 모임에서도, 둘만의 긴밀한 만남에서도 동동 떠 있는 섬처럼 외로움을 느낄 수 있다. 그럴 땐 '차라리 혼자 있는 게 나아.'라고 생각하며 자신만의 공간으로 돌아가고 싶어진다. 그런데 시간이 흐르면 다시 약속 장소에 나가 있는 자신을 발견한다. 소통하고 싶은 욕구란 생각보다 강해서 사람들은 마음을 나눌 사람을 만나고 싶어 한다. 하지만 안다와 소소처럼 한 사람만 계속 얘기하고, 다른 사람은 침묵 속에 듣기만 하면 외로움이 쌓인다. 안다에게도 소소에게도 말이다. 안다는 소소에게 어울리는 옷이 무엇인지, 뭘 하고 놀면 좋을지 조잘조잘 떠든다. 소소는 말없이 시선을 옆으로 비킨 채 소파 위에 오도카니 앉아 있다. 시무룩하고 의기소침해 보인다. 떨어져 앉아 있는 거리만큼 둘의 마음의 거리도 멀어 보인다.

나도 소소처럼 가만히 듣고 있을 때가 많다. 여럿이 얘기할 때 탁구공처럼 통통 튀는 대화를 따라가며 애써 편안한 척하지만 사실은 어떤 타이밍에 끼어들어야 할지 살피고 있다. 누군가와 단둘이 있을 때도 상대방의 얘기를 들으며 할 말을 고르다 시간을 흘려보낸다. 슬프고, 즐겁고, 기뻤던 내밀한 마음을 나누고 싶지만 내내 듣고만 있던 나는 외로움의 우물에 갇혀 버린다. 성향 탓이기도 하지만 성장 과정에서 부모님과 충분한 소통을 하지 못했기 때문이기도 하다.

　부모님은 각자의 삶을 살아 내는 것만도 버거워하셨다. 나에게 다정히 말을 할 여유가 없었다. 부모님을 떠올리면 긴 침묵만 생각난다. 식사 시간이면 식탁 위의 침묵이 힘들어 방으로 들어가곤 했다. 중요한 타자인 부모님과 소통하지 못했던 나는 내 마음을 누구에게도 말할 수 없다고 믿어 버렸던 것 같다. 이런 생각은 오래 감춰져 있다가 육아에 시달리던 삼십 대가 되어서야 이해하기 어려운 슬픔으로 나타났다. 그 슬픔은 누군가와 깊이 연결되고 싶다는 영혼의 목소리였고 오래된 결핍이었다.

　자신을 자연스럽게 표현하려면 정서가 건강해야 한다. 스스로의 마음을 알아차리는 것, 상대방이 잘 들어 줄 것이라는 신뢰, 설사 들어 주지 않더라도 괜찮다는 자존감은 건강한 정서에서 나온다. 어느 하나라도 없으면 침묵 속에 빠지며 '들을 줄 아는 사람이 훌륭한 거야.'라며 자신을 속일 수 있다. 그러니 듣기는 어떨 땐 회피일 수도 있다. 듣기만 하는 소소의 내면은 무반응에 가까운 회피의 자세가 아닐까. 소소의 회피는 자신과 맞지 않는 집에서의 생활에 지쳤기 때문일지 모른다. 회피는 문제를 해결하지 못하고 안다만의 수다로 채워진 둘의 관계는 공허하다.

소소가 안다에게 먼저 한 말은 '잠깐만'이라는 단 한마디뿐이다. 그런 후 소소는 울타리를 넘어 떠난다. 누군가는 소소를 비난할 수도 있지만 나는 소소가 안쓰럽기만 하다. 안다에 대한 평소의 답답함 위에 어떤 설명도 없이 떠난다는 죄책감까지 안고 길을 나섰을지 모르니 말이다. 소소가 자신의 마음을 있는 그대로 바라보고 안다에게 얘기했다면 어땠을까? 듣기만 한다고 항상 좋은 건 아니다. 솔직한 마음의 표현이 필요할 때가 있다. 진정한 듣기는 상대의 영혼을 끌어안으며 사람과 사람을 연결한다. 그런 연결은 다시 힘을 내 세상을 살아갈 마음을 창조해 준다.

소소는 과연 산들이와 새롭게 관계 맺을 수 있을까? 뒤 면지에서 산들이와 걷고 있는 소소의 표정이 밝다. 소소가 종알거리며 산들이에게 말을 하고 있는 것 같다. 작가는 이 장면에서 컬러를 뺐는데 마치 추억의 사진을 보는 듯한 느낌을 불러일으키며 둘이 오래도록 동행했다는 메시지를 주는 것 같아 안심이 된다.

매력적인 산들이처럼

처음 이 책을 읽으며 너털웃음이 터진 장면이 있다. 왜 이리 그 장면이 좋을까? 산들이는 소소에게 덫에서 빠져나오느라 시간이 걸렸다며 미안해한다. 덫에 걸려 있었다면 먹지도 못한 채 두려움에 떨었을 텐데 산들이는 그런 일은 잊어버렸다는 듯 달리기를 하자고 한다. 산들이의 의연한 태도는 어떻게 생긴 것일까? 산들이는 숲에서 자유를 누리고 있지만 늘 죽음의 위협 앞에 있기에 냉정한 현실을 받아들이고 덫도 자기 삶의 일부로 인정했나 보다. 그러니 덫에서 빠져나와 달리자고 말하며 금세 일상을 회복한 게 아닐까? 위험에 노출되어 사는 산들이는 온갖 일을 겪으며 삶의 진리들을 알아간 것일지도 모른다. 삶은 어렵다는 것과 어려운 일들은 지나간다는 사실 말이다. 지금처럼 여유로운 웃음을 갖게 되기까지 마음의 씨름을 수도 없이 했을 것이다.

사랑스러운 산들이의 또 다른 매력을 발견했다. 같이 달리자는 산들이의 말에 소소는 울타리 너머로는 갈 수 없다고 한다. 산들이는 그럼 어쩔 수 없다며 다음 날 해 질 녘에 다시 오겠다고 답한다. 산들이는 소소에게 "왜 울타리 너머로 갈 수 없어?"라고 묻지 않는다. 나는 산들이가 묻지 않아 좋았고, 소소를 있는 그대로 인정하며 물러나는 태도가 마음에 들었다. 소소는 집으로 돌아오며 '나는 왜 울타리 너머로 갈 수 없다고 말했지?' 하고 스스로에게 물으며 처음으로 '울타리를 벗어나고 싶다'고 느꼈을 수도 있다. 산들이가 살짝 비켜나 만들어 준 공간이 있었기에 소소는 자신의 마음의 소리를 들었을지 모른다.

마음의 공간은 어떻게 만들 수 있을까? 산들이처럼 상대방의 속도와 리듬에 맞춰 준다면 가능할 것 같다. 산들이는 소소에게 울타리 밖으로 나가자고 재촉하지 않는다. 산들이는 두 발로 걸어 집에 가는 소소를 보며 말하기 힘든 사정이 있을 수 있다고 생각하지 않았을까? 소소의 분위기에서 우울을 감지했는지도 모른다. 산들이는 섣불리 무언가를 요구하지 않았고, 다만 그의 존재 자체가 메시지가 된 게 아닐까? 어떤 말보다 삶이 주는 울림이 큰 법이다. 삶의 모습은 행동의 옷을 입고 있어 강력하다. 말만 듣고 사람이 변하는 건 쉽지 않다. 그게 가능하다면 우리는 모두 위인이 되었을 것이다. 어린 시절부터 수없이 좋은 말을 들었으니까. 반복되는 말이 지루하다고 느끼며 흘려들은 적은 얼마나 많았던가.

왜 달릴 수 없냐고 묻지 않는 산들이가 좋다. 삶에는 '왜'가 요구하는 논리적 설명을 하기 어려울 때가 많으니까. 아니, 설명하고 싶지 않을 때가 더 많은 것일지도 모른다. 소소는 안다에게 느꼈을 감정을 표현하기 어려울 수도, 표현하기 싫을 수도 있다. 왜 울타리를 넘어갈 수 없다고 생각했는지 고민해 본 적이 없었는지도 모른다. 산들이는 소소에게 함께 달리자고 할 뿐 경계를 지킨다. 적절한 경계는 너와 내가 안전하게 소통할 수 있는 공간을 선물한다.

소소는 소소답게 나는 나답게

해 질 녘 내내 안다의 얘기만 듣던 소소는 마침내 옷을 벗어 던진다. 옷을 하나씩 벗을 때마다 소소는 더 크게 그려지고, 나의 시선은 왼쪽 위로부터 오른쪽 아래로 옮겨진다. 마침내 네 발로 선 소소가 너무 대견해 안아 주고 싶다. 소소는 이제야 돼지 같다. 소소는 원래 돼지니까 돼지로 살아야 행복하겠지. 울타리를 넘어 산들이와 나란히 달리는 소소는 집에 있을 때처럼 시무룩해 보이지 않는다. 활기가 느껴진다. 자신의 본성과 취향대로 산다는 건 이토록 소중한 일이다.

나는 초등학교 때까지 책을 좋아했다. 하굣길에 걸어가면서까지 책을 읽었던 기억도 있다. 하지만 청소년 시절 이후 어느새 책과 멀어져 오랜 시간 잊고 살았고 결혼을 하고 두 아이를 다 키우고 나서야 책이라는 우주를 떠올렸다. 노트북 앞에 앉아 '책 모임', '독서 동아리'라는 키워드를 검색해 책을 좋아하는 사람들을 만나게 되었다. 그들은 막혀 있던 하수구를 뚫듯 나의 삶을 시원하게 해 주었다. 책을 사는 데 주저 없이 돈을 쓰고, 책 모임을 위

©마리아 굴레메토바

해서는 기꺼이 먼 거리도 달려가고, 몇 백 페이지의 두꺼운 벽돌책을 읽느라 날 새는 줄 모르는 사람들이었다. 그들은 모임 내내 정말 책 얘기만 했고 나는 그들 앞에서라면 취향을 마음껏 드러낼 수 있었다. 같은 우주를 공유한다는 건 큰 즐거움이었다.

소소가 옷을 벗어 던진 장면에서 아득한 자유를 느낀다. 앙증맞은 엉덩이를 보이며 네 발로 달리는 소소는 앞표지에 있는 그 소소가 아니다. 이제 소소는 생의 활력을 가진 자연의 한 존재다. 나도 마찬가지다. 늦도록 책을 읽어 아침에 부한 얼굴로 일어나도 마음은 충만하다. 아니, 더욱 갈증이 난다. 책꽂이에 가지런히 꽂혀 있는 책을 보면 설렌다. 더 나이가 들면 그림책 읽어 주는 할머니가 되겠다는 다짐도 했다. 소소가 소소답게 옷을 벗어 던졌듯 나는 나답게 책의 세계에서 행복을 누린다. 좋아하는 일로 차곡차곡 쌓인 황금빛 시간은 단단한 정체성과 삶의 의미라는 무늬를 아로새긴다.

울타리 너머엔 다른 삶이 있다

소소는 울타리를 넘어 산들이와 달리고 있다. 울타리 너머로 갈 수 없다고 말했던 소소의 변화가 놀랍다. 소소가 뒤에 있는 울타리를 보며 "별거 아니었잖아."라고 말할 것 같다. 용기를 내면 삶이 달라진다. 마지막 장면에서 눈이 환해진다. 초록으로 가득한 들판에서 울타리는 왼쪽에 조그맣게 그려져 있다. 울타리 밖으로 나오고 나서야 보이는 풍경이다.

두 아이의 교육 방식으로 고민하던 때가 있었다. 그런데 딸아이가 여덟 살이던 때 우연히 홈스쿨링을 알게 되었다. 스트레스가 일상이던 나의 학창 시절 때문인지 홈스쿨링에 매력을 느꼈다. 좋은 책을 읽고 감동하고, 여행을 즐기며 자연을 사랑하고, 아이들과 함께 배움의 즐거움에 맘껏 빠지는 삶을 상상하며 설렜다. 부모님과 소통하지 못했던 나와 달리 홈스쿨링을 하며 인격적인 관계를 맺을 수 있다면 얼마나 아이들의 삶이 충만해질까 싶었다.

일 년 동안 뒤척이는 밤을 보내며 고민했다. 공교육과 홈스쿨링의 장단점을 종이에 쓰며 생각을 정리했다. 어떤 날엔 공교육에, 다른 날엔 홈스쿨링에 마음이 쏠렸지만, 결국 내면의 나침반은 홈스쿨링으로 향했다. 학교 제도가 생긴 것은 인류 역사에서 그리 오래된 일이 아니라는 사실에 용기를 얻기도 했다. 학교를 선택의 대상으로 바라보니 마음이 고요해졌다. 어느 겨울밤, 마침내 홈스쿨링을 하기로 결정했다.

학교를 찾아가 선생님을 만나고 오는 길, 오랜 망설임에 마침표를 찍었다는 생각에 긴 심호흡을 했다. 소소처럼 울타리를 넘은 것이다. 산들이와 함께 달리는 소소의 뒷모습을 응시했다. 소소의 마음은 얼마나 두근거렸을까? 앞으로의 삶이 얼마나 기대가 됐을까? 연민도 느꼈다. 한 번도 경험하지 못한 야생의 삶에서 소소는 어떤 어려움을 겪게 될까? 하지만 소소는 혼자가 아니다. 옆에는 덫을 빠져나올 줄 아는 산들이가 있다. 처음 가는 길에 동행자가 있다는 건 큰 격려다. 소소는 산들이와 함께 별이 반짝이는 밤의 아름다움도 느끼고, 안전한 잠자리를 찾는 법도 배우고, 다른 동물과 공존하는 법도 알게 될 것이다.

울타리를 넘어 본 나는 안다. 새로운 시도는 삶을 확장시켜 이전과는 다른 나를 만든다는 것을. 선택에 책임을 지며 나는 좀 더 단단한 사람이 되었고, 삶을 즐길 줄 알게 되었다. 울타리 너머엔 예상치 못한 삶이 있어 휘청거렸지만, 더 많은 행복을 느꼈다. 홈스쿨링을 하는 많은 가정을 만나 울고 웃었다. 그 과정에서 내가 얻은 것은 사람에 대한 이해와 자녀들과의 연결이었다. 미소 지으며 고백하고 싶다. 울타리 넘기는 재미있는 일이구나, 도전하는 삶은 멋지구나, 도와주는 친구들도 많구나. 이쯤 되면 넘을 울타리를 찾게 되지 않을까?

그림책의 힘이 놀랍다. 등장인물의 말과 행동이 내 삶의 곳곳을 소환하니 말이다. 나도 누군가에게 산들이가 되고 싶다. 그다지 어려운 일이 아닐지도 모른다. 내가 선 자리에서 유쾌하게, 자유롭게, 하고 싶은 일을 하면서 생을 즐기면 된다. 삶을 사랑하며 고통 앞에서도 웃는 법을 익히며 말이다. 그런 나를 보고 호기심을 느낀 사람들이 다가오지 않을까? 산들이에게 다시 와 달라고 부탁했던 소소처럼 말이다.

다시 책을 편다. 책 속의 장면과 나의 인생이 파노라마처럼 겹친다. 울타리 앞에서 숨을 크게 쉬고 훌쩍 뛰어넘는다. 앞으로 달리며 맑은 공기를 가슴 깊이 들이마신다. 초록 들판이 눈부시게 아름답다.

생각거리 살아가다 보면 용기를 내어 넘어야 할 울타리를 만나게 된다. 내가 마주하고 있는 울타리는 어떤 것인지, 그것을 넘을 방법은 무엇인지 생각해 보자.

(우 신 혜)

늦은 나이에 그림책이 주는 위로를 알게 되어 '그림책 읽어 주는 할머니'를 꿈꾼다.
사람들을 잇는 그림책을 찾기 위해 종종 도서관 서가에서 서성인다.
그림책 읽기와 서평 쓰기를 사랑한다. 두 자녀와 8년간 홈스쿨링을 했다.
독서 토론 강사 및 그림책 활동가로 도서관과 학교에서 강의한다.
함께 쓴 책으로 『그림을 읽고 마음을 쓰다』가 있다.

> 함께 읽으면 좋은 책

✦ 나를 찾아서

변예슬 지음
길벗어린이, 2020

이 책은 선망하는 대상을 좇아 타인의 색으로 물들어 가던 주인공이 자신을 찾는 여정을 감각적으로 보여 준다. 작가는 분홍색, 하늘색, 초록색으로 바다 색깔을 표현하며 주인공의 감정을 투영하고 있다. 작은 물고기가 거울을 마주하며 "넌 누구니?"라는 질문을 떠올릴 때, 독자 역시 같은 질문 앞에 멈춰 서게 된다.

> 생각거리 타인의 시선에 갇혀 나답지 않게 살았던 모습이 있는지 생각해 보고, "넌 누구니?"라는 질문에 답해 보자.

✦ 이게 정말 나일까

요시타케 신스케 지음
김소연 옮김
주니어김영사, 2015

우리는 어떤 말로 자신을 소개할 수 있을까? 주인공 지후는 귀찮은 일을 대신할 로봇에게 많은 정보를 주면서 점점 자신에 대해 깊이 알아간다. 작가는 자신을 안다는 건 내면, 외면, 역할 그리고 타인이 보는 나까지 두루 살펴야 함을 재치 있는 그림과 글로 전달하고 있다.

> 생각거리 가족이나 친구들에게 '나'에 대해 물어보며 새로운 나를 발견해 보자. 뜻밖의 나를 만나며 놀라게 될지도 모른다.

✦ 나는

후지노 가오리 지음
다카바타케 준 그림
장지현 옮김
섬드레, 2022

이 책에는 "내가 있네. 네 안에 있네"라는 문장이 반복되어 나온다. 책을 읽다 보면 주변 사물들이 나를 이루는 성장의 요소가 됨을 자연스럽게 느낄 수 있다. 사람은 혼자 사는 존재가 아니며 주변 환경과 연결되어 있음을 깨닫게 된다.

생각거리 마지막 장면에 빵, 사과, 책, 컵이 이불 위에 그려져 있다. 나라면 어떤 사물을 그리고 싶은지 생각해 보자.

✦ 나에겐 비밀이 있어

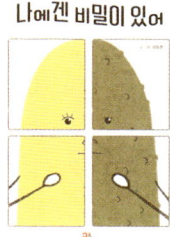

이동연 지음
올리, 2022

울퉁불퉁한 아보카도는 진한 화장을 한 채 망고인 척한다. 비밀이 들통날까 두려운 아보카도는 친구들과 함께 있으면서도 마음이 편치 않다. 작가는 자신의 진짜 모습을 인정하는 것의 소중함을 말풍선과 귀여운 과일 캐릭터를 통해 재치 있게 전달하고 있다.

생각거리 아보카도의 비밀을 알고도 그를 이해해 주는 친구들에 대해 생각해 보자. 나를 이해해 주는 친구 한 사람만 있어도 삶은 따뜻해지니까.

✳ 나만의 박물관

에마 루이스 지음
조혜진 옮김
책속물고기, 2018

아이는 처음으로 박물관에 간다. 역사 박물관, 자연사 박물관, 미술관을 둘러보며 상상하고 놀라워한다. 아이는 집으로 돌아와 '나만의 박물관'이라는 시선으로 자신의 방을 바라본다. 박물관에서 관찰하고 탐구한 아이는 모르고 지냈던 자신의 모습을 새롭게 발견한다.

생각거리 어떤 공간에 있을 때 상상력이 가장 잘 발휘되는지 생각해 보자. 낯선 공간은 내 안에 있는 창조성을 끌어낸다.

✳ 민들레는 민들레

김장성 지음
오현경 그림
이야기꽃, 2014

여백을 잘 살린 수채화와 간결한 글이 메시지를 잘 전달하고 있다. 책은 낡은 지붕이나 담장 밑에도 피어나는 민들레를 보여 주며 연약한 듯 보이는 작은 존재의 꿋꿋함을 느끼게 해 준다. 독자들은 '민들레는 민들레'라는 문장을 반복하여 읽으며 언제 어디서든 나다움을 잃지 않아야 함을 자연스럽게 깨닫게 된다.

생각거리 '민들레는 민들레'라는 문장에 '민들레' 대신 자신의 이름을 넣어 조용히 읊조리며 담장 밑에서도 꿋꿋하게 피어난 민들레처럼 나도 그런 적이 있는지 생각해 보자.

―― 홀로 서는 힘 ――

올가의 쇠공 다루기

김미연

아네테 멜레세 지음, 김서정 옮김, 미래아이, 2021

올가의
쇠공 다루기

몸의 균형추가 무너진다. 눈앞에 아무것도 보이지 않는다. 키득거리는 웃음소리. 손끝에 힘을 줘 본다. 아무리 일어나려 해도 움직여지지 않는다. 아직도 생생한 내 몸의 기억이다. 그림책 『키오스크』의 주인공 올가는 나와 다른 선택을 한다. 벌떡 일어나 산책을 떠나는 그녀는 키오스크를 버리지 않고 함께 변화를 선택한다. 그 이유가 궁금해 책을 이리저리 넘긴다. 네모나게 뚫린 창이 있는 겉표지 사이로 살짝 보이는 얼굴. 그녀는 두툼한 턱살, 단정한 앞머리, 통통한 볼살에 과자 한 조각을 입에 가득 물고 등장한다. 나와 무척 닮은 것 같은 올가, 우리 주변의 이웃처럼 익숙하고 평범하기만 한 그녀다. 올가는 좁은 키오스크*에서 살며 거기서 먹고 일하며 꿈꾸고 잠든다. 뚱뚱한 몸집 때문에 키오스

---

* 신문이나 잡지, 복권을 파는 아주 작은 가판대

크 안에서의 생활이 버거워 보이기도 하지만, 그녀는 나름의 자기 돌봄 방법을 알고 실천하고 있었다. 다음 한 페이지를 넘겨 볼까? 올가는 키오스크가 전부라고 믿고, 매일 찾아오는 단골손님에게 친절하며, 손님들이 뭘 사려고 하는지 말하지 않아도 이미 알고 있다. 하루하루를 성실히 살아가는 우리네의 모습과도 닮았다. 이렇게 살아가는 올가의 소확행은 하루 일과가 끝나면 바다가 그려진 'TRAVEL'이란 여행 잡지를 읽으며 석양이 황홀한 먼바다를 꿈꾸는 일이었다. 그런데 과자를 훔치려 한 남자애 둘 때문에 키오스크가 뒤집히는 대사건이 벌어진다. 처음에는 겨우 일어나 흩어진 물건들을 주우려 애쓴다. 그러다 올가는 자신이 키오스크를 들어 올려 움직일 수 있다는 사실을 깨닫는다. 한 번도 키오스크 밖을 나간 적이 없는 그녀는 난생처음 산책을 떠난다. 그녀의 인생과 다름없는 키오스크를 버리지 않고 함께 변화를 선택한다. 매번 이 책을 읽을 때마다 이 장면은 나에게 감동을 준다. 그녀는 상대를 비난하지 않고, 이 상황을 원망하지 않으며 뚜벅뚜벅 나아가고 있었으니까! 분명 마음속 어딘가엔 걱정되고 두려운 마음이 있었을 텐데도 그녀의 표정은 자신감이 가득해 보였다. 한 장씩 책장을 넘기면서, 어느새 그녀에게 이입된 나를 발견했다. 이것이 이야기가 가진 힘이 아닐까? 책을 다 읽을 무렵에는 그녀와 닮은꼴로 조금씩 변화하고 있었으니 말이다.

올가에게 감정 이입된 채로 책을 읽어 가면서 힘들었던 시간이 떠올랐다. 나는 사춘기 아들과의 갈등이 곪기 시작하면서 18년 동안 다니던 직장을 과감히 그만두었다. 그토록 두려워하고 싫어하던 엄마의 모습을 내가 토씨 하나 틀리지 않고 재연했기에 남들이 부러워하던 철밥통 직장을 미련 없이 나올 수 있었다. 내 개인만의 문제였다면, 회사까지 그만두는 선택을 하지는 않았을 것이다. 누군가로부터 터진 상처는 가족에게 전염되어 짓물렀고, 서로의 노력에도 관계는 더욱 악화되었다. 나는 상처 주는 말로 아이를 가장 아프게 하는 엄마이기도 했다. 그러면서도 좋은 습관과 태도를 만들어 주지 못한 맞벌이 엄마의 죄책감이 나를 괴롭혔다. 그 당시에는 조그마한 사건과 사고 같은 돌부리에도 자주 넘어지곤 했다. 사건의 원인을 곱씹고 남들과 비교하며 아이의 성격과 태도를 탓했다. 부정적인 생각들은 바이러스처럼 내 몸을 감염시키고 있었다.

그 당시 고민과 걱정을 거듭해 생각하면 불안을 피할 수 있을 것만 같았다. 그 문제를 회피하기 싫었기 때문에 계속 나를 괴롭히는 방법이었다는 걸 나중에야 알게 되었다. 하나의 생각을 골똘히 하면 집착이 되고, 순간 상황을 제대로 보지 못한다. 일을 실수하지 않고 완벽하게 해내려고 하는 내 자세에는 집착과 같은 뭔가가 있었다. 해결책을 찾기 위해 최선을 다한다고 포장했지만, 전전긍긍하며 항상 긴장된 상태였다. 그러니 더욱 상대의 마음이나 원하는 것을 알기 어려웠다. 내게 발생한 문제는 단단한 쇠공으로 변해 있었고, 나는 결국 그 쇠공에 눌려 압도당했다. 상담을 받고, 심리학 같은 책을 읽는 등 다양한 노력을 하면서 결국은 내 문제라는 것을 깨달았다. 내게 자극으로 다가오는 지점을 알아차리는 연습을 통해 습관적이고 자동적으로 반응하는 나의 패턴을 찾아낼 수 있었다. 이런 자기 성찰 태도가 필요하다. 왜냐하면, "폭력의 뿌리에는 갈등의 원인을 상대방 탓으로 돌리는 생각이 있기"* 때문이다. 관련된 책을 읽으며, 과거 소수의 지배자들은 자신의 이익을 유지하기 위해 대중이 노예 같은 사고 구조를 가지도록 교육하며 대다수 인구를 통제했다는 사실도 알게 되었다. 대중이 두려움을 느끼게 하는 방식으로 말이다. 내가 세상을 느끼는 두려움은 사회의 인정 프레임에 철저히 가려져 있었다. 내가 무엇을 느끼고 원하는지를 알게 되면서, 그 쇠공을 다룰 수 있게 되었다.

아이와 마찰이 있을 때, 조급한 마음을 알아차리고 나와 연결을 잃지 않는 것이 무엇보다 중요하다. 정말 필요한 건, 5초간의 호흡이다. 아이가 성장할수록 내가 추구했던 완벽한 엄마는 아

---

*『비폭력대화』, 마셜 B. 로젠버그, 한국NVC출판사, 2017

이의 성장을 저해할 뿐이었다. 아이가 어릴 때에는 작은 사고가 아이에게 큰 영향을 미칠 수 있고, 아이는 아직 미성숙하기 때문에 엄마의 절대적인 관심과 사랑이 필요하다. 그러나 아이 스스로 자기 생각이 자라날 무렵에는 엄마는 완벽함을 버려야 한다. 아이가 겪는 그 성장통을 엄마도 함께 겪겠지만, 그 변화를 받아들여야 아이는 자유롭게 성장한다. 사람은 자기 방식대로 살아가야 가장 행복하다. 『자유론』을 쓴 존 스튜어트 밀은 "동일한 생활 양식이라도, 어떤 사람에게는 행동 능력을 잘 키워 주면서 최선의 상태에서 건강하고 즐겁게 살 수 있도록 해 주지만, 다른 사람에게는 모든 내적 삶을 황폐하게 만들어 버리는 지긋지긋한 암초 같은 것이 되기도 한다."고 말하며, 각자에 따라 다양한 삶의 형태를 강조했다.

석양이 황홀한 바다, 결코 이루어질 수 없을 것 같던 이 꿈이 올가에게 실현될 기회가 온다. 예측할 수 없도록 작은 사고의 모습으로 올가를 찾아온다. 키오스크는 뒤집히고 한참을 버둥대던 올가는 얼떨결에 벌떡 일어선다. 스스로의 힘으로 키오스크를 움직일 수 있다는 걸 깨닫는다.

주변을 살펴보니 더 힘든 상황에서도 긍정적인 삶의 태도를 지켜 나가는 올가들이 있었다. 오뚝이처럼 일어서는 올가의 모습에서 회복 탄력의 핵심을 알게 되었다. "회복 탄력성은 자신에게 닥치는 온갖 역경과 어려움을 오히려 도약의 발판으로 삼는 힘"
이다. 성공은 어려움이나 실패가 없는 상태가 아니라 역경과 시
련을 극복해 낸 상태를 말한다는 점이다. 올가는 한 줌의 용기를
선택할 뿐, 회피하지 않는다. 자신이 원했던 꿈을 향한 여정을 향
하고 있었다. 누군가는 키오스크 속 올가의 삶을 순응하는 삶으
로 이해했다. 키오스크의 삶이 처음에는 불편했지만, 점점 익숙
해졌다고……. 우리가 불편한 신발을 신으면 처음에는 아프지만,
시간이 지날수록 아픈 것도 잊듯 올가도 그런 것이 아니냐고 말
했다. 올가의 수용은 상황에 대한 알아차림이며, 무조건적인 허
용이 아니다. 수용이란, 기꺼이 받아들이는 태도, 그렇기에 그 태
도에는 긍정이 포함되어 있다. 순응하는 삶의 태도는 삶의 변화
에 대한 긍정성 없이 체념한 삶이다. 그래서 나는 올가에게서 수
용의 태도를 보았다. 그녀에게 닥친 사고를 올가는 비관하지 않
았다. 그래서 올가는 당당히 키오스크를 탈출하지 않고, 키오스
크와 함께 여정을 떠났다.

   이런 내 삶의 태도를 바꾸기 위해, 올가처럼 내가 할 수 있는
선택을 해 보았다. 올가는 생각 속에 갇혀 있기보다 몸과 함께 움
직였다. 거기서 변화가 시작되었다. "넌 지금 어때? 넌 지금 무엇
을 원하지?" 올가가 내게 알려 준 질문이다. 몸과 마음이 원하는
것을 묻기 시작하니, 조금씩 생각에서 빠져나올 수 있었다. 처음

에는 올가의 키오스크가 뒤집혀 강물에 떠내려갈 때, 올가를 바라보기만 하던 이웃들에게 화가 나기도 했지만, 지금은 키오스크 속 그녀의 존재를, 올가의 꿈을 알고 있었기에 올가의 도전과 여행을 응원한다고 이해했다. 그런데 인생을 흔들어 놓은 사고 앞에서 왜 올가는 키오스크를 벗어던지지 않았을까? 올가에겐 키오스크가 바로 직장이자 집이었기 때문일까? 아니면 세상을, 사람들을 대면할 수 있는 유일한 공간이었기 때문인지도 모르겠다. 누군가는 나를 가두는 숙명으로 보기도 하고, 누군가는 올가의 결핍을 키오스크로 보았다. 누구에게나 벗어나거나 떨어질 수 없는 키오스크가 존재한다. 어느 누군가에겐 가족이 될 수도 있고, 상처일 수 있지만, 또 세상과 연결될 수 있는 태(胎), 각자의 보호막, 울타리이기도 하다. 우리는 키오스크를 통해 바깥을 바라보고 더 넓은 세계가 있다는 것을 발견한다.

   소중하지만, 벗어날 수 없는 내 키오스크는 '가족'이었다. 54년생인 엄마는 전후 세대를 살았고, 빈곤한 일상에서 생존이라는 화두가 삶의 제일 큰 가치인 삶을 살았다. 먹을 것이 부족했고, 충분히 배불리 먹지 못했던 시기를 살았던 엄마가 내게 항상 하는 말은 "미리 고민하고 미리 준비하라."는 말이었다. 희생이 당연하다고 알고 살았던 엄마였기에 자기표현이나 소통이 미숙했다. 나는 엄마의 감정 쓰레기통이 되기도 했고, 엄마의 못다 한

꿈이기도 했다. 그런 엄마에게 거리를 두면서 K-장녀로서 미안한 죄책감과 함께 양가감정 속에 지낸 나를 마주했다. 올가에게 그 키오스크는 일상이 반복되는 안온한 공간이면서 새로운 깨달음을 얻을 수 있는 계기이기도 했다. 나도 키오스크 덕분에 자신보다 딸을 더 걱정하는 엄마의 마음과 기꺼이 주는 사랑의 본질을 맛보았다.

작가는 여기에서 멈추지 않는다. 올가를 다시 한 번 극한의 상황에 만나게 한다. 산책을 시작하던 올가는 '제 꼬리를 잡으려 빙빙 도는 강아지' 람보의 목줄에 감기는 바람에 균형을 잃는다. 이로 인해 강물에 빠지는 대사건이 벌어진다. 그러나 올가는 이번에도 키오스크를 의지해 강물에 떠다니며 바다로 향한다.

나는 이 장면에서 뭔가 특별함을 보았다. 나는 올가의 여행에서 물이 중요한 매개체임에 주목했다. 물의 가변성에 초점을 맞춰 보았다. 지구 위의 모든 물질은 순환하고 변하지만, 물처럼 언제나 움직이고 있다가도 없는, 물질은 드물다.

시야를 확장해 생명이 살아 있는 지구에서 강물의 의미란 무엇일까? 물이 흐르고 넘치고 쏟아지고 고이고 다시 마르고. 또다시 젖고. 이것은 자연의 위대한 물놀이이기도 하다. 강은 자연의 생태적 섭리에 따라 작동될 수 있는 통로다. 고체성이 가득한 도시에서 액체성의 흐름에 몸을 맡길 수 있는 올가의 삶의 태도를

다시금 집중해 본다. 나의 쇠공에 눌리지 않을 수 있는 자신만의 방법, 결국 올가는 자신의 의지는 아니더라도, 새로운 변화, 키오스크와 함께 떠나면서 자신의 꿈에 가까이 다가가는 기회를 만들었다. 이런 사건이 없었다면 올가는 같은 생활을 반복하고 있었을 것이다.

라트비아에서 태어나 지금은 스위스에서 남편과 여섯 살 딸과 세 살 된 아들을 키우는 엄마이기도 한 아네테 멜레세는 일러스트레이터이자 작가이다. 아네테 작가는 사실 올가가 키오스크를 벗어나는 장면을 스케치했는데 책에 포함하지 않았다고 한다. 그는 "살다 보면 힘들 때도 많지만 행복한 순간도 정말 많아요. 우리는 삶을 벗어나는 게 아니라, 그 안에서 행복과 즐거움을 찾아내죠. 그래서 키오스크를 포기하거나 벗어나는 올가가 아니라, 들고다니며 꿈을 이루는 모습을 그렸답니다."라고 밝혔다. 올가는 타인에게 비치는 자기 모습에 연연해하지 않는다. 키오스크에 몸을 맡긴 채, 강물과 바다를 떠다니는 그녀의 표정은 편안하고 자유롭다. 바다에서 만난 큰 파도는 그녀를 바닷가로 데려다주었고, 이제 올가는 해변에서 아이스크림을 파는 키오스크를 연다. 조깅하는 남자와 노래하는 커플, 아이스크림을 사러 온 아이, 그곳에도 도시와 비슷한 사람들이 등장한다. 늘 같은 시간에 같은 물건을 사러 오는 손님이 있고, 손님이 말하지 않아도 무엇이 필요한지 올가는 잘 알고 있었다. 올가가 매일 가볍게 웃을 수 있도록 하는 그 힘은, 숨은 것들을 '발견'하는 힘일 거라는 생각도 들었다. 그 밑바탕에는 판단이나 평가가 섞이지 않은 있는 그대로의 '관찰'이 필요하다. 매일매일의 반복 속에서 새로운 의미를 발견해 낼 수 있다. 서로에게 자리를 내어주며, 올가는 서로를 환대하는 곳을 경험한다. 이렇게 우리를 사람답게 지킬 힘은 이러한 연결에서 나온다.

  주인공 올가를 제외하고 이 그림책에 유일하게 이름이 등장하는 강아지 람보는, 올가에게 일어난 사건의 원인 제공자이기도 하다. 비중이 꽤 큰 캐릭터임에도 람보는 거의 휘갈겨 그린 크로키 수준이다. 다른 등장인물들과는 다르게 유일하게 람보만 그렇다. 왜 작가는 이렇게 표현했을지 궁금하다. 아마 누군가에게 오는 사건은 이렇게 작은 것에서부터 시작된다는 것을 말하려는 것이 아닐까? 작은 사건으로 누군가는 커다란 변화를 겪지만, 결과는 사람마다 다르다. 그림책의 마지막 면지는 바다 저편의 저녁 노을을 바라보는 올가의 황홀한 미소로 가득 차 있다. 세상 부러울 것 없이 모든 것을 이룬 듯한 그녀의 표정은 보는 이도 행복하게 한다. 이전에도 지금도 행복한 올가지만 그녀는 거기서 멈출 것 같지 않다. 바다를 꿈꾸다 그리로 갔으니 다음 목표 또한 기대해도 되지 않을까?

오늘 아침에도 나는 일어나 책을 읽고 글을 쓴다. 성실히 내 키오스크의 삶을 완성해 가는 중이다. 하지만 언제든 키오스크는 넘어질 수 있다. 나에게 균형추가 종종 무너지는 상황이 발생할 때, 이제는 예전처럼 넘어져 울지 않는다. 남을 의식하기보단 나를 먼저 돌본다. 우선 호흡하기. 부정적인 감정에 휩쓸리지 않기. 나의 쇠공이 무엇인지 집중한다. 그리고 "괜찮다."고 나에게 말한다. 그래도 힘들면, 올가가 나를 꼭 안아 주는 상상을 한다. 내가 너무 아프다면, 다른 사람들에게 도움을 요청해야 한다. 아니라면, 손을 쓱쓱 털고 일어날 것이다. 아니면 잠깐 쉬어야겠다. 몸이 보내는 신호일 수도 있으니.

생각거리 여러분은 새로운 세상을 향해 나만의 키오스크를 벗어나고 싶은가요? 각자의 키오스크는 무엇인지, 현재 그 속에서 무엇을 꿈꾸고 있는지 생각해 본다.

김미연

나를 찾고 알아 가는 데에 관심이 많다.
운전과 수영을 통해 두려움을 극복하며 자신감이 싹텄다.
배움을 좋아하며, 1일 1도전을 실천 중이다.
그림책을 낭독하고 사람들과 토론하며 살아간다.
언젠가 내가 쓴 동화와 함께 그림책으로 다시 만나고 싶다.

> 함께 읽으면 좋은 책

✦ 나, 꽃으로 태어났어

엠마 줄리아니 지음
이세진 옮김
비룡소, 2014

여린 꽃 한 송이가 세상에 피어나 인내와 헌신으로 사람들을 돕고 나누며, 기쁨과 감사로 삶을 노래하는 이야기를 담아낸 팝업 그림책이다. 섬세한 종이 공예의 맛을 느낄 수 있다. 책을 넘기면, 마치 꽃잎을 한 장 한 장 펴듯 빨강, 노랑, 보라, 파랑 꽃이 활짝 피어난다.

생각거리 간결하고 함축적인 글에 담긴 삶을 향한 꽃의 아름다운 고백은 우리에게 무엇을 위해, 어떻게 살아가야 하는가 하는 물음을 던진다.

✦ 안녕, 나의 등대

소피 블랙올 지음
정회성 옮김
비룡소, 2019

등대지기의 삶을 중심으로 시간의 흐름에 따라 변하는 바다의 사계절과 등대지기의 삶을 함께 그려낸 그림책이다. 작가 소피 블랙올은 생생하고 아름다운 등대의 풍경을 독보적으로 묘사한다. 이 책은 뉴욕 타임스 등 주요 언론의 극찬을 받은 작품으로, 삶의 의미를 되새기게 하는 이야기를 담고 있다.

생각거리 『안녕, 나의 등대』는 바다가 등대에 바치는 한 편의 시이자, 우리 삶을 밝히는 희망, 그리고 상실에 대해 질문을 던진다.

✳ 나의 구석

조오 지음
웅진주니어, 2020

빛과 이미지로 이야기하는 그림책. 구석진 공간에 까마귀가 등장하면서 이야기는 시작된다.

『나의 구석』은 '텅 빈 구석이 생기면 어떤 일이 일어날까?' 하는 상상에서 시작된 그림책이다. 구석진 공간이 이곳을 찾은 까마귀에 의해 완전히 새로운 누군가의 공간이 된다.

생각거리 고립된 공간이 소통과 희망의 장소로 바뀌는 변화를 생각해 본다.

✳ 가드를 올리고

고정순 지음
만만한책방, 2017

끊임없이 쓰러지는 사람에 대한 이야기인 동시에 스스로 다시 일어서는 사람에 대한 이야기다. 이 책은 50페이지에 걸쳐 빨간 주먹과 검은 주먹의 권투 장면만 클로즈업된다. 링 밖에서 응원하는 관객이 한 명도 화면에 없으며, 오로지 둘뿐이다. 쓰러지고 일어서는 권투 선수의 모습, 애써 뻗은 주먹이 빗나가는 좌절의 순간에도 다시 일어서 가드를 올리는 절박함.

생각거리 냉혹한 현실을 살아가는 우리의 삶과 절묘하게 겹치는 모습을 만날 수 있다.

✳ 그래봤자 개구리

장현정 지음
모래알, 2023

내가 누구인지, 무엇이 될 수 있을지 고민되는 순간을 개구리의 생태에 빗대 표현한 그림책이다. 『그래봤자 개구리』는 나 자신을 믿지 못하는 순간이 오더라도 위기의 순간을 넘어설 수 있는 힘이 우리에게 있음을 일깨운다.

생각거리 책에 나오는 '나는 개구리'라는 의미를 고민해 보자.

✳ 어둠을 먹는 코끼리

바이빙 지음
선위안위안 그림
박지민 옮김
섬드레, 2023

어둠이 있어야만 밝은 낮의 즐거움이 있다는 것을 알게 하는 그림책. 어둠을 무서워하는 아이들을 위해, 코끼리 아오는 깜깜한 어둠을 모조리 먹어 치운다. 밤은 사라지고 아기 동물들이 맘껏 뛰놀 수 있는 밝은 낮이 계속 이어지는데….

생각거리 하품숲으로 변한 버섯숲에서는 과연 어떤 일이 벌어진 걸까? 밤의 소중함에 주목해 본다.

― 뛰어오를 힘 ―

메뚜기는 뛰어야 한다

이인자

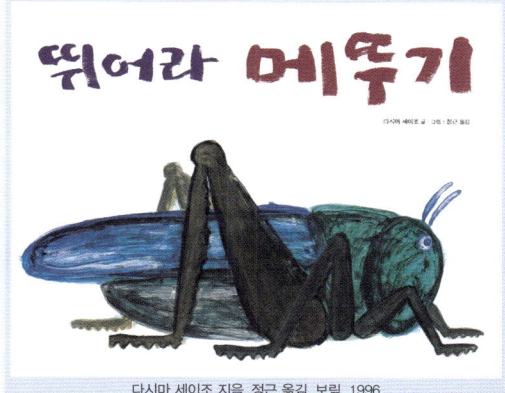

다시마 세이조 지음, 정근 옮김, 보림, 1996

메뚜기는
뛰어야 한다

    누구든 마음만 먹으면 한곳에 앉아서 수십 권의 그림책을 읽을 수 있다. 하지만 그런 마음이 매번 생기는 것은 아니다. 그렇게 읽어도 가슴에 다 남는 것도 아니다. 어떤 책은 책장을 덮자마자 잊어버리기도 하고 또 어떤 책은 다음 책을 읽고 있는 중에도 떠나지 않는다. 그림책은 쉽게 읽히고 어린이를 위한 책이라 무시당하기 쉽지만, 누군가에게 평생의 기억으로 남는 경우도 많다. 그래서인지 요즘 어른들의 그림책 읽기 모임이 활발해지는 것 같아 반갑다.

    내가 그림책과 제일 가까웠던 때는 아이를 기를 때였다. 그때는 방문 판매가 유행했다. 고만고만한 또래들을 기르는 집집마다 전집을 들여놓느라 허리띠를 졸라매야 했다. 비싼 책을 샀기에 전시용이 아니라는 것을 남편에게도 보여 주어야 했다. 나는 저녁마다 그림책을 탑처럼 쌓아 놓고 아이에게 읽어 주었다.

집에 있는 책을 다 읽혀야 한다는 욕심에 무조건 많이 읽어 주기에 바빠서 아이가 어떤 책을 좋아하는지도 잘 몰랐다. 그래도 어느 틈에 읽고 듣는 습관이 생긴 아이는 자신이 읽고 싶은 책을 뽑아 오기 시작했다. 그때마다 한 번도 빠지지 않았던 책이 『뛰어라 메뚜기』였다.

　이 책은 다시마 세이조의 작품으로, 뭉그러진 붓으로 거칠게 사물의 특징만을 잘 잡아 그린 그림책이다. 바탕색은 없이 흰 배경에 강조하고 싶은 것만 그렸다. 표지에 있는 커다란 메뚜기만 해도 화면을 꽉 채우고 있는데 세밀한 메뚜기의 모습보다 거친 붓으로 특징을 잡아 어두운색으로 표현되어 있다. 첫 모습에서 야수파의 그림을 떠올린 것은 우연이 아니다. 식물의 모습 또한 재미있는데 크고 작은 세모, 동그라미로 꽃과 열매를 표현했다. 동식물의 특징을 뭉툭한 두꺼운 붓으로 한 번에 그린 듯 잡아냈다. 따라서 섬세하게 그려진 세밀화는 아니다. 채도가 낮고 전체적으로 무거워 보인다. '아이들 책으론 어두운 것이 아닐까?' 하는 생각도 든다. 하지만 그래서인지 동물의 특징이 잘 보인다. 뱀의 날카로운 이빨이 금방이라도 메뚜기의 몸에 박힐 것 같다. 특히 침을 흘리며 다가오는 사마귀의 거대함은 처음 사마귀를 봤을 때의 사나움이 떠오른다. 그런 사마귀를 산산조각 내면서 구름을 뚫고 올라간다. 날아오른 메뚜기는 쫙 펼쳐진 붉은 황무지를 향해 날아간다. 두 쪽을 다 차지한 붉은 황야는 아주 강렬하게 느껴진다. 화면을 가득 채운 밝은색은 화려한 노을처럼 검붉은 색과 주황, 노랑으로 메워져 있다. 그리고 그 사이사이에 작은 언덕이 숨어 있고 그 안에는 나무와 풀이 언뜻언뜻 보인다. 그 위를 날아가는 메뚜기의 황홀함이 느껴진다.

 아이는 말을 하기 전부터 이 책을 좋아해서 오랫동안 이 책을 찾았다. 이번에 그림책을 다시 보면서 나도 새롭게 보기 시작한 이유도 여기에 있다. 아이는 매번 황야를 날아가는 메뚜기가 있는 이 페이지에서 눈을 빛냈고 같은 구절을 읽을 때면 두 손을 쥐고 긴장했다. 뭐가 그리 좋냐고 물어도 자세히 설명하지는 못했

ⓒ다시마 세이조

지만, 나는 새로운 세상을 향하고 싶은 마음을 막연히 알 것 같았다. 그렇게 그림 속 메뚜기는 두려움을 이겨내고 뛰고 싶은 용기와 자유를 향한 갈망으로 나아갔다.

『뛰어라 메뚜기』의 메뚜기는 노리는 동물들이 많아 매일 풀잎 뒤에 숨어 산다. 더 이상 매 순간을 조마조마하게 살 수 없다고 느낀 메뚜기는 어느 날 환한 바위 위에 올라섰다. 사방이 트인 곳이라 금방 적들이 몰려왔다. 뱀과 사마귀가 메뚜기를 노렸고 메뚜기는 뛰었다. 온 힘을 다해 뛰어올라 구름도 뚫었지만 그 이상 올라갈 수는 없었다. 메뚜기는 다시 아래로 떨어지기 시작했다. 물고기 입으로 떨어지려는 순간 메뚜기는 날개가 있다는 것이 생각났다. 한 번도 써 본 적이 없지만 온 힘을 다해 날갯짓했다. 그리고 간신히 위로 떠올라 물고기를 피해 날아갈 수 있었다. 잠자리와 나비는 메뚜기의 엉터리 날갯짓을 비웃었다. 하지만 메뚜기는 자기 힘으로 날았기에 기쁘고 행복했다. 그렇게 메뚜기는 바람을 타고 자기가 가고 싶은 곳으로 멀리, 붉은 황무지도 지나고 푸른 바다 건너 멀리멀리 날아갔다. 책의 에필로그에는 메뚜기가 짝과 얼굴을 마주하고 있는 것으로 끝이 난다.

나는 안정된 삶을 살아왔다. 울타리 밖을 벗어나려 한 적도 별로 없었다. 집안에서도 눈치를 잘 보는 겁많은 셋째였다. 내가 하고 싶은 것은 숨어서 조금 하는 것이 다였다. 처음엔 어렸고 그다음엔 결혼해서 아이를 키워야 했다. 이제 독립한 아이와 크다 못해 늙은 나는 두려워하기엔 너무 나이가 많았다. 이제 책 읽어 주는 엄마가 아닌 인생 2막으로 들어섰다고 생각하면서 다시 잡은 『뛰어라 메뚜기』는 새로운 시선으로 보였다. 나의 책으로 새것을 장만했다. 그래서 우리 집엔 이 책이 두 권 있다. 한 권은 아이의 손때와 추억이 묻어 있고, 다른 새 책은 나의 여행을 위한 것이다.

  매일 수풀 속에 숨어서 깜짝깜짝 놀라기만 하는 메뚜기는 두꺼비에게, 사마귀에게, 거미에게, 새에게 잡아먹히는 다른 메뚜기들을 보면서 그런 곳에서 사는 것이 싫어졌다고 말한다. 그리고 어느 날 그곳을 떠나기로 단단히 마음먹었다. 어떤 일은 오랜 계획을 세우는 것보다 그냥 행동하는 게 더 나을 때도 있다. 예전의 나도 그랬다. 하지만 진정한 의미의 도전이 아닌 도피를 택했는데 그게 결혼이었다. 집에서 독립하고 싶어서 집이 있는 서울과 먼 지방으로 갔지만 엄마의 간섭에서 벗어날 수는 없었다. 엄마는 갑자기 나를 찾아왔고 엄마의 변덕으로 나를 뒤흔들었다. 처음 만난 남편은 독립적인 사람이라 흔들리지 않는 기둥이 될 것 같았다. 만난 지 몇 달 만에 가출하는 심정으로 한 결혼 생활은 무해했다. 세상에도, 내게도, 남편에게도 해로울 게 없었다. 남편에게도 숨어야 할 이유가 있었다. 아무것도 없이 빈 몸으로 결혼한 우리에게 도움은커녕 돈을 내놓으라는 아버지가 있었기 때문이다. 그때 우리는 통장에 3만 원이 있었다. 시아버지는 결혼식 하느라 돈이 많이 들었으니 다음 달 만기인 적금을 다 달라고, 안 주면 부모와 자식 간의 연을 끊겠다고 했다. 남편은 밤새 울며 이제 자신은 부모가 없다고 말했다. 하지만 나는 '부모와 자식 간의 연이 쉽게 끊어질까?' 의문을 가졌고 남편과 시부모를 이어주느라 30년을 노력했다. 관계는 끊어졌다 이어지기를 반복했는데 나 때문이라는 소리를 듣고 싶지 않아 부단히 노력했다. 세월이 흘렀고 나이를 제법 먹은 나는 이제 사람들을 잘 안다고 생각했다. 하지만 오랜 시간 노력했어도 결국 돌아오는 건 시부모의 욕설이었다. 더 많이 찾아오지 않는다고, 더 많은 돈을 주지 않는다고 끊어진 줄 알았던 전화기 너머에서 그렇게 욕을 하고 있었다. 나름 며느리 노릇 하느라 애쓴다고 말했던 사람들이었다. 믿었던 사람들이 뒤에서 하는 험담은 나의 삶을 부정하는 것 같았다. 그즈음 주위의 다른 사람에게서도 배신감을 느꼈고, 실망스러운 일도 연달아 일어났다. 나는 무너졌다. 사람을 좋아하는 내가 만나는 사람들을 믿을 수가 없어졌다. 그들이 뒤에서 무슨 소리를 할지도 모른다는 피해망상까지 생길 지경이었다. 그동안 내가 좋아하고 멋진 사람이라 생각했던 사람들의 다른 모습을 보게 되었고 혼자 상처받고 가슴이 무너졌다. 도망치고 싶었다. 그래서 또 도망쳤다.

아들이 살던 원룸에서 1년 동안 온전히 혼자 있고 싶다고 선언했다. 나는 지금껏 한 번도 완전히 혼자가 되어 본 적이 없었다. 엄마에게서 벗어나려 결혼했지만 그건 새로운 틀에 나를 넣었을 뿐이었다. 그래서 서울의 한 원룸에 나를 가뒀다. 누구도 보고 싶지 않았다. 나에게 이래야 한다고 하는 사람은 없었다. 하지만 내가 나아가야 한다는 것은 알고 있었다. '자, 이제 너의 날개를, 있는지도 몰랐던 날개를 꺼내 보라'고 스스로에게 말했지만 나는 오히려 내게 날개가 있었는지 의심하게 됐다. 의심과 부정 끝에 느낀 것은 깊은 외로움이었다. 세상은 코로나로 정신이 없었고 나는 고요와 침묵 속에서 생각만 먼지처럼 쌓였다. 누구와도 소통하지 않았다. 어쩌면 메뚜기처럼 바깥을 향해 뛰어야 했을지도 모른다. 하지만 나는 동굴로 숨었고 혼자만의 생각 속에 잠겼다. 그건 도전이 아니라 도망이었고 침전이었다.

 왜 그랬을까? 나는 메뚜기처럼 뛰기 위해 바위로 올라간 적이 없었다. 풀 뒤에 숨어서 여전히 벌벌 떨고 있었다. 도망치려고만 했기에 내 날개를 찾을 겨를도 없었다. 나는 세상을 향해 뛰는 대신 담을 쌓았고 그동안 내가 알고 있던 나는 내가 아니었다고 생각했다. 그 모습은 밝기만 한 것도 아니었고, 이기적이고 분노도 숨기고 있었다. 메뚜기는 높이 올라가다 떨어지면서 자신의 날개를 생각했지만, 나는 깊은 동굴 속에 숨어든 뒤에야 소중한 것들을 생각했다. 하지만 내가 가진 것은 아무것도 없다고 느꼈다.
 혼자서 무작정 바다로 갔다. 사방이 막힌 도시가 싫었고 맥주 두 캔을 들고서 모래밭에 담요를 깔고 앉았다. 그리고 바다만 바라보았다. 새벽까지 아무 생각 없이 앉아 있었다. 메뚜기가 건넜던 푸른 바다가 생각났다. 드문드문 켜져 있는 가로등 아래 음악을 들으며 파도와 놀며 춤을 추었다. 무언가 내 안에서 꿈틀거리는 것이 느껴졌다. 그동안 내게 많은 위로를 주던 노래를 들으며 몇 년 동안 내 안의 공허를 많이 채워 왔다고 생각했다. 하지만 아직도 비어 있었고 이제 그것들이 서서히 차올랐다. 그게 뭘까? 생각해 보니 나는 항상 다른 사람을 의식했다는 게 떠올랐다. 여행을 가도 항상 혼자가 아니었다. 다른 사람에게 나를 맞추기에 급급했다. 나로 인해 다른 사람이 불편해지는 게 싫었고, 그들은 미처 의식하지도 못한 것들을 혼자 미안해하며 해결하느라 바빴다. 바다에 온 것이 처음이 아니었다. 다른 날에도 바다에 왔었다. 그런데도 그때의 바다와 오늘의 바다는 달랐다. 뭐가 다른지 바로 알아채지 못했어도 분명 달랐다. 파도가 가슴에서 치고 등에 무언가 꿈틀거리는 것을 느꼈다. 그건 내가 다른 사람을 의식할 필요가 없다는 것이었다. 내가 이 바다에 있다는 것을 아무도 몰랐다. 바닷가 근처 숙소에도 나를 기다리는 사람은 아무도 없었다. 먹기 싫은 음식도 다른 이를 위해 먹고 싶은 척, 할 필요도 없으며 즐거워하는 척, 할 필요도 없는 순수한 내 마음이 전부였다. 바닷가라면 반드시 필요할 것으로 생각했던 맥주는 모래사장에 반쯤 묻혀 있었다. 까맣게 잊고 있었다. 나도 나를 모르고 있었다. 지나온 삶에 이런 순간이 얼마나 많았을까? 중요하다고 생각했던 것이 잊어도 될 만큼 사소했다는 것을 이제서야 알게 되었다.

문득 떠오른 메뚜기도 이렇게 결심한 걸까? 중요한 것은 '살아내는 것'이 아닌 '살아가는 것'임을 말이다. 메뚜기는 밖으로 나섰고 바위 위에 올라 햇볕을 쬐기 시작했다. 내게도 그럴 권리가 있다는 듯이 말이다. 풀숲에 숨죽이고 있던 메뚜기가 세상에 몸을 드러내는 순간 걱정했던 일들은 일어난다. 뱀이, 사마귀가, 거미와 거미줄이 사방에서 압박해 왔다. 그 순간 메뚜기는 뛰어오른다. 그냥 뛰는 게 아닌 온 힘을 다해 펄쩍 뛰어오른다.

나는 그런 메뚜기를 보면서 그의 닫힌 세상이 깨지는 것 같다고 생각했다. 수풀에서 바위로 올라선 순간 메뚜기는 자신을 둘러쌌던 벽을 깨기로 결심한 것이다. 자유로운 삶을 살아간다는 것은 그만큼 위험과 고난을 감수한다는 것이다. 내가 힘들었던 것은 다른 사람의 배신이나 뒷담화가 아니라 그것들과 마주하는 용기가 없었기 때문이다. 잠깐 불안해도 내가 원하는 삶을 향해 달려가야 했는데 결혼으로 숨고, 원룸에 도망가 버렸기 때문이다. 내가 해내지 못한 그 도전을 한 메뚜기가 부러워서 이 책을 오랫동안 기억하고 있었나 보다.

메뚜기의 비행은 그 자체만으로도 가치가 있기에 날갯짓의 모양은 중요하지 않았다. 잠자리는 사뿐 날며 메뚜기를 비웃고, 나비는 나풀나풀 날며 메뚜기의 날갯짓을 엉터리라고 떠들어댄다. 하지만 메뚜기는 '난다'라는 사실에 가치를 두었을 뿐 '사뿐'과 '나풀'에 가치를 두지 않았다. 메뚜기에게 중요한 것은 자기 힘으로 난다는 것이었으니 말이다. 그렇기에 잠자리와 나비의 비웃음에 눈 하나 깜짝하지 않는다. 비교하지도 않고 열등감에 사로잡히지도 않는다. 만약에 메뚜기가 우아하게, 나풀나풀 나는 것에 가치를 두고 자신을 봤다면 어떻게 되었을까? 사뿐사뿐 날기를 바랐다면 또 어땠을까? 메뚜기는 날게 되었다는 것에 대한 희열을 이미 잊어버리고 잠자리같이, 나비같이 날 수 없음을 절망했을 것이다. 메뚜기는 메뚜기일 뿐 누구도 아닌데 말이다.

그날 바닷가에서, 나에게도 날개가 있다는 사실을 깨닫게 되었다. 다섯 남매의 셋째인 나는 착하고 어른들 말 잘 듣고 동생들을 잘 보살펴야 한다고 생각해 왔다. 내 안에 날고 싶은 욕망은 잘못된 것이라 억누르고 살았다. 하지만 그날 바닷가에서 내가 느낀 자유로움은 누구의 딸도, 아내도, 엄마도 아닌 순수한 나, 익명의 나로서 느끼는 자유였다. 불빛 하나하나가 온전해야 어울리는 별빛을 만들 듯 나만의 선명한 빛을 만들어야겠다고 생각했다.

그림책이 깊이 숨어 있는 나를 깨워 앞으로 날게 했다. 그러기 위해서는 몸이 움직일 생각이 없는 것 같아도 움직여야 한다. 그것도 스스로 말이다. 결국 황야를 건너는 것은 메뚜기였듯 이제 나도 골방에서 나와 햇빛 아래 서야 한다. 생각만 하던 시절은 끝났다. 행동을 해야 했고 밖으로 나서야 했다. 처음엔 생각이 몸을 움직여 주는지 알았다. 하지만 생각은 생각일 뿐 몸은 쉽게 움직이지 않았다. 우선 매일 무조건 몸을 먼저 움직였다. 운동장을 뛰었고 10킬로를 걸었다. 메뚜기가 주었던 감동은 시간이 갈수록 흐려졌다. 하지만 그림책은 쉽게 다시 볼 수 있다는 장점이 있어서 근처에 두고 자주 펼쳐 보았다. 다시 보아도 날개를 활짝 편 메뚜기는 감동이었다. 나는 지금 황야를 날고 있다고 생각했다. 신기한 게 몸은 처음엔 움직일 생각이 없는 것 같았는데 일단 마음을 먹은 뒤엔 자연스럽게 움직여졌다.

회귀본능처럼 다시 돌아가려고 할 때는 루틴을 만들어 생각 없이 움직여야 했다. 밖으로 나서니 해야 할 일들이 보였다. 결국 사람으로 상처받은 것은 사람으로 치료하는 것인가 보다. 물론 이번엔 다른 사람의 기분에 쉽게 흔들리지 않았다. 나는 하나의 빛이라는 것, 누구에게 종속되지 않는다는 것, 지나친 배려는 나에게 상처를 줄 뿐이라는 것을 잊지 않도록 했다. 나는 남들보다 예민하기에 아는 것이지 다른 사람들은 잘 모르고, 신경 쓰지도 않는다는 것을 잊지 않으려고 했다. 이제는 혼자 있는 것도 좋지만 사람들 속에 있어도 나를 잃지 않는다. 언제부터인지 사람들이 내게 인상이 바뀌었다는 소리를 한다. 조금 더 당당해 보인다고 한다. 그렇다고 예의를 잊은 것은 아니다. 공손하되 자신감 있게 산다는 것, 배려는 하지만 나를 잃지 않는다는 것이다. 지금의 나를 만들어 가는 최선의 방향이다. 한동안 방향을 잃은 느낌에 힘들었는데 이제야 다른 사람이 보인다. 나의 황야를 지금 날고 있다. 노을이 아름답다.

생각거리 길이 안 보일 때가 있다. 이리저리 둘러봐도 내 길이 아닌 것 같을 때 하늘을 보라고 말하기도 한다. 메뚜기도 하늘로 날았다. 날 수 없는 우리는 어떻게 해야 할까? 잠시 앉아 생각을 해 봐야 한다. 내가 가진 것은 무엇인가, 진심으로 하고 싶은 것은 있는가, 있다면 좋은 일이고 없다고 급할 일은 아니다. 내가 가진 것을 점검해 볼 좋은 기회다. 있는지도 몰랐던 날개를 펼치듯 내게도 아직 펼치지 못한 것들이 있을 수 있다. 내가 몰랐던 나를 찾는 기회라고 생각할 수 있다. 나는 무엇을 가지고 있는지 곰곰히 생각해 보자.

이 인 자

숭례문학당 강사이자 독서 토론 강사로 활동 중이다.
하고 싶은 일은 다 하고 산다고 생각했다. 더 이상 하고 싶은 게 없자 삶의 의욕도 사라졌다. 그림책과 고전, 인문학, 소설들을 읽으며 나를 찾아갔다. 여행을 하며 삶의 의미도 생겼다. 이제 막 태어난 손주에게 책 읽어 주는 할머니가 되고 싶다. 살고 있는 곳에서 독서 토론, 낭독, 글쓰기를 하며 살고 있다.
함께 쓴 책으로 『책으로 다시 살다』, 『당신은 가고 나는 여기』가 있다.

> 함께 읽으면 좋은 책

✦ 이름 짓기 좋아하는 할머니

신시아 라일런트 지음
캐드린 브라운 그림
신형건 옮김
보물창고, 2004

혼자 살고 있는 할머니는 자신보다 오래 살 수 있는 것에만 이름을 지어 주면서 외로움을 달랜다. 그런 할머니에게 나타난 갈색 강아지 한 마리. 매일 먹을 것을 나눠 주지만 이름은 줄 수 없다. 그러던 어느 날 강아지는 더 이상 보이지 않는데….

(생각거리) 주변에 내가 이름을 지어 준 사물이 있는지, 있다면 무엇에 이름을 지었고, 지어 줬을 때와 아닐 때 무엇이 달라졌는지 함께 이야기 나눈다.

✦ 슬픔을 치료해 주는 비밀 책

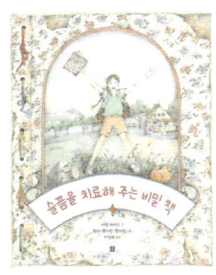

캐린 케이츠 지음
웬디 앤더슨 햅퍼린 그림
이상희 옮김
봄봄출판사, 2021

이모네 집은 언제나 재미있는 게 많다. 하지만 혼자 있으면 어쩐지 슬퍼진다. 이모에게는 슬픔을 치료해 주는 비밀 책이 있다.

(생각거리) 나는 언제 슬퍼지는지, 슬플 때 나는 어떻게 하는지. 이 책에는 자그마치 일곱 가지 방법이 있다. 어떤 방법이 가장 마음에 드는지 이야기 나눠 본다.

✹ 언제까지나 너를 사랑해

로버트 먼치 지음
안토니 루이스 그림
김숙 옮김
북뱅크, 2000

말할 것도 없는 베스트셀러 그림책. 읽어 주는 엄마와 아빠의 마음을 움직이는 책이다. 새로운 책도 좋지만 언제 들어도 사랑스러운 그 말, '사랑해'라는 말을 마음껏 하게 하는 책이다. 너를 사랑해 언제까지나, 너를 사랑해 어떤 일이 닥쳐도, 내가 살아 있는 한, 너는 늘 나의 귀여운 아기.

생각거리 지금 당장 주변에 있는 가족에게 사랑을 이야기해 보자.

✹ 감정 호텔

리디아 브란코비치 지음
장미란 옮김
책읽는곰, 2024

말이 단순해지고 있다. 말만큼 감정도 단순할까? 어린아이들은 감정을 단순한 말로 표현하지만, 성인이 되면 느끼는 감정을 더 다양하게 표현할 수 있다. 하지만 분노 조절 장애라는 말이 흔하게 들릴 만큼 우리는 자신이 느끼는 감정과 그 표현에 둔해지고 있다.

생각거리 지금 나의 감정을 알아야 나를 안다고 할 수 있다. "짜증 나"는 게 아니고, "그냥"도 아닌 진짜 내 감정을 알아보자.

✦ 이별 연습

린샤오베이 지음
유소영 옮김
섬드레, 2024

홀로서기는 이별하고도 가깝다. 이별도 연습이 필요하다. 그래야 서로 제대로 설 수 있다. 짧은 이별 뒤의 긴 이별. 연습 하나로 슬픔이 덜어지지는 않겠지만 슬픔을 견디고 이해하는 힘이 생긴다. 누구에게나 제대로 된 작별 인사는 필요하다.

생각거리 어쩌면 우리는 매일 하루와 작별하고 있다. 누구와 어떤 인사를 나누고 싶은지 이야기 나눠 보자.

✦ 기억의 풍선

제시 올리베로스 지음
다나 울프카테 그림
나린글, 2019

너와 나의 기억은 다르게 기록된다. 하지만 비슷하거나 같은 기억을 공유하는 사람은 다른 사람보다 더 소중해지는 건 어쩔 수 없다. 할아버지와의 추억이 깃든 풍선들이 더 중요하게 느껴지는 건 그만큼 같이 한 시간이 많기 때문이다. 할아버지가 추억의 풍선을 하나하나 놓아 버려도 내가 가진 것들이 더 풍성해진다면 그 무엇으로도 바꿀 수 없는 선물을 가진 것과 같다.

생각거리 우리가 기억을 잃어도 다른 사람이 가지고 있다면 그것 또한 행복한 일이다. 당신의 기억을 공유한 사람과 추억을 이야기해 보자.

엄마라는 힘

'우리 엄마'라는
어려운 말

이혜령

앤서니 브라운 지음, 허은미 옮김, 웅진주니어, 2005

'우리 엄마'라는
어려운 말

살면서 가장 먼저, 가장 많이 말하는 단어는 무엇일까? 아마도 '엄마'가 아닐까? 나를 낳아 준 존재이기에 엄마는 곁에 있든 없든 나 이전에 존재한다. 나의 경험을 떠올리자면, '엄마'라는 말은 어릴 때는 세상의 전부였지만 시간이 지날수록 다양한 의미를 내포한 단어가 되었다. 그래서 엄마라는 단어가 제목으로 쓰이거나 엄마와의 관계를 그린 그림책들이 많다. 아이 덕분에 삶이 변화했고 더 성숙한 어른이 되었다는 이야기가 많은 걸 보면, 아이를 열 달간 품고 낳는 과정이 개인의 삶에 큰 변화를 주는 이유이기 때문일 것이다. 하지만 엄마라는 단어가 가진 여러 책임과 나아가 모성이라는 사회적인 의무까지 생각해 본다면, 엄마라는 단어에 복잡한 마음이 들 때가 많다. 보통 엄마라는 말 앞에는 "누구 엄마"처럼 아이의 이름을 붙이게 된다. 자신의 이름보다는 아이의 엄마로 더 많이 불리면서 다른 정체성이 생긴다. 우리 엄마도 "혜령 엄마"로 동네에서 불렸고, 나도 두 아이의 엄마가 되자 자연스럽게 아이의 이름을 붙인 호칭으로 불렸다. 어릴 때는 엄마가 "혜령 엄마"로 불리는 건 당연했지만, 정작 내가 그렇게 불리자 상당히 어색했다.

"우리 엄마"라는 말은 어떨까? 이 말은 엄마를 타인에게 말할 때 주로 사용한다. 영국의 그림책 작가 앤서니 브라운의 『우리 엄마』의 원제는 "My mom"이다. '나'를 뜻하는 'my'와 'mom'이 있으니, '나의 엄마' 정도로 해석해 볼 수 있겠다. 한국어로 번역된 제목 "우리 엄마"는 한국적이다. 그래서인지는 몰라도 원제보다는 "우리 엄마"라는 이름이 잘 어울리지 않는가. 작가는 "존경하는 나의 어머니께 그리고 내 아이들의 멋진 엄마, 나의 아내에게"라는 헌사를 적었다. '존경하는'이라는 말을 어머니에게 쓴 이 문장을 읽고 잠시 멈칫했다. 내가 생각하기에 '존경'이라는 단어는 위대한 일을 한 사람들에게 쓰여진다고 여겼기 때문이다. 어릴 때 나는 집안일을 하는 사람은 당연히 엄마, 밖에서 돈을 버는 사람은 아빠라고 생각했다. 엄마는 자수를 잘하는 대신 바느질은 굉장히 못하셨는데, 그럴 때마다 나는 "엄마가 그것도 못해?" 하고 말하는 딸이었다. 그런 나에게 존경과 부모는 참으로 어울리지 않는 조합이었다.

『우리 엄마』는 앤서니 브라운이 자신의 어머니를 떠올리며 쓰고 그린 책이라고 한다. 가족들의 지지를 받으며 권투 선수에서 삽화가로 거듭났던 작가는 가족 관계를 다룬 여러 작품들을 발표했다. "우리 엄마는 훌륭한 화가이고"라는 장면에는 엄마의 입술이 아직 칠해져 있지 않다. 어떤 색으로 그림을 완성할지 궁금해지는 부분이다. 앤서니 브라운이 표현하는 엄마의 모습은 금발에 높은 코, 파란 눈동자가 아닌 동양적인 모습에 가깝다. 그래서 더 친근함이 생기는지도 모른다. 펑퍼짐한 얼굴, 조그만 눈, 커다란 입, 갈색 머리카락이 묘하게 우리네 엄마와 닮았다. 그림 속 엄마의 키가 아이보다 그리 커 보이지 않는 점도 엄마를 떠올리게 한 계기가 되었다. 어른과 아이의 키가 상대적으로 크게 대비되지 않는 점도 엄마가 아이와 얼마나 가까운지를 느끼게 해 준다. 특히 "내가 슬플 때면 나를 기쁘게 할 수 있죠."에서 요정으로 분한 엄마의 몸짓이 유쾌하다.

앞표지에는 엄마가 "까꿍" 하는 듯한 모습이 그려져 있다. 엄마를 생각하면 연상되는 사랑의 하트 무늬가 속표지와 첫 장에 이어지고 책 곳곳에 하트가 숨어 있다. 하트 잔을 들고 앉아 있는 엄마의 두 눈이 나를 보고 웃는 듯하다. 책은 "우리 엄마는"이라는 말로 시작하면서 엄마가 왜 재주꾼인지, 화가인지, 요정인지를 알려 준다. 그리고 아름다운 동화 속 엄마의 모습이 아닌, 두 손으로 짐도 번쩍 들고, 화장도 하고, 요리도 하는 현실의 엄마를 보여 준다. 작가는 엄마가 할 수 있는 것들을 펼쳐 놓는다. "우리 엄마가?"라는 아이들의 의심을 열심히 깨부수듯 말이다. 책을 다 읽으면, 아이들이 엄마의 얼굴을 자랑스레 바라보는 장면이 떠오른다. 그림책 속 우리 엄마는 아이들에게 무엇이든 다 할 수 있는 사람으로 그려진다. 잠옷이나 외출복을 구분하지 않고, 부스스한 머리를 하고 있어도 "내가 말이야"라는 자부심을 전한다. 다른 배경을 생략하고 페이지 전체를 엄마가 할 수 있는 모습으로 그려 엄마를 부각시키려는 작가의 노력이 돋보인다. 엄마의 모습은 자신을 광고하듯 당당하다. 그것이 작가가 의도한 자랑스럽고 멋진 엄마의 모습에 가깝지 않을까?

책을 덮고 "우리 엄마! 엄마!"라는 말을 되뇌어 본다. '엄마'라는 말은 일상어인 동시에 한 사람의 삶을 규정하는 무거움을 담고 있다. 그건 내가 엄마가 되기 전에는 몰랐던 부분이기도 하다. 어린 나에게 '엄마'라는 말은 요구의 호칭이었다. "엄마, 해 줘." "엄마, 필요해." 그리고 셀 수 없이 많이 '엄마'를 불렀던 순간이 생각난다. 지금은 입장이 바뀌어 아이들이 나를 그렇게 부른다. 아이를 낳고 전전긍긍하면서 나의 엄마를 떠올려 보았다. 엄마는 20대에 아이를 낳았고, 객지에서 가까운 친척이나 가족도 없이 남편만을 믿고 지냈다. 1970년대 여성의 삶이란 지금과는 많이 달랐을 것이다. 남편을 하늘같이 섬기고, 자식을 성공시키기 위해 노력하고, 넉넉하지 못한 돈으로 절약하고 살림을 꾸려 나가야 했다. 결혼을 하고 나면 한 개인으로서의 삶보다, 자신에게 주어진 역할에 충실하기 위해서 하루하루를 살았을 것이다.

나는 엄마가 되어서 이 책을 처음 읽었다. 두 아이를 키울 때는 온몸이 퉁퉁 붓고, 살이 너무 빠져 주변에서 걱정을 들을 정도였다. 첫째를 옆에 끼고 둘째를 등에 업고 다니던 '애 엄마'였고 그게 정말 보통의 삶이라고, 정해진 단계라고 여겼다. 하지만 몸에 맞지 않은 옷을 입은 것처럼 어딘지 낯설고 어색했다. 누군가 "아줌마", "아기 엄마"라고 부르면 못 들은 척 일부러 돌아보지 않았다. 처음 이 책을 읽은 후 아이들에게 읽어 주는 책 목록에 늘 끼워 두었다. 아이들이 다른 책을 읽어 달라고 해도, 날마다 읽었다. 나를 모르는 누군가라도 나에게 "우리 엄마는 참 멋져요."라고 소리쳐 주면 좋겠다고 생각했다. 아무런 준비도 없이 엄마로 탈바꿈한 내가 그 정체성을 받아들이기 힘든 마음도 컸다. 아이들에게는 "내가 말이야, 지금은 이렇게 초라하지만, 원래는 이렇지 않아."라고 알려 주고픈 마음이 굴뚝 같았다. 내 이름보다 누구 엄마로 더 많이 불리던 시절은 내 존재가 세상에서 사라질까 걱정하던 시기였다.

시간이 지나면서 나는 내 삶을 통해 엄마를 한 사람, 이 시대를 사는 여성으로 이해하게 되었다. "너도 살아 봐. 자식 키우고 살아 봐야 안다."라고 했던 엄마의 말이 떠오른다. 대학교 진학 문제로 아버지에게 내 뜻을 전하지 못해 전전긍긍할 때가 있었다. 아버지는 가정 형편 때문에 내가 상업고등학교에 가기를 원했지만, 엄마는 대학 진학에 적극적으로 찬성했다. "여자는 공부해야 한다."라는 말로 나를 다독이던 엄마가 그때는 정말 위대해 보였다. 결국 엄마는 아버지를 설득했다. 그때처럼 엄마가 강하게 아버지에게 말하는 것을 본 적이 없었다. "우리 엄마는 세상에서 가장 힘이 센 여자죠!"라는 책의 문장이 가장 어울리는 순간이었다고 기억한다. 직장에서도 여성에 대한 평가와 차별이 은근히 존재했다. "결혼하면 그만이지."라는 말을 들으면서도, 엄마의 말은 늘 큰 힘이 되었다. "공부해야지." 여성인 나를 알아가면서 또 다른 여성인 엄마의 삶을 돌아보게 되었다. 어린 시절 전쟁을 겪고 가난과 아버지 없이 크면서 하고 싶은 공부를 더 이상 이어가지 못해 공부에 한이 맺혔다던 엄마의 말을 떠올린다.

생각해 보면 내가 엄마에게 가졌던 감정은 복잡했다. 엄마를 이해할 수 있는 같은 여성의 입장이었지만, 엄마처럼 살기 싫다는 말도 참 많이 했다. 말을 쏟아붙이며 비난을 퍼붓는 나를 보던 엄마의 씁쓸한 웃음이 떠오른다. 힘들게 살지 말라고 공부를 시켰지만, 배운 딸이 날렸을 수많은 화살에 엄마는 서운했을 것이다. 이제 엄마 입장에 서 보니 "세상 참 만만치 않더라."라는 소리를 나도 모르게 한다. 그렇지만 어디 가서 주눅 들지 말라고, 당당하라고 내 어깨를 두드리던 엄마의 자상한 미소가 늘 내 곁에 있다. 없는 살림에도 책 좋아하는 딸을 위해 월부로 들였던 전집들, 학년이 올라갈 때마다 매번 바꿔 주었던 책장의 책들이 지금의 나를 만들었다. 자신의 삶보다 나의 미래를 더 소중하게 여겨 주신 덕분에 한 걸음 한 걸음 내디딜 수 있었다. 엄마가 나를 위해 잠을 줄이고, 좋아하는 것을 줄이고 살았던 시간들을 기억해 본다. 배움이 길지 않았지만, 늘 책을 좋아했던 엄마 덕분에 책을 읽으며 사람들을 만나고 있으니 말이다. 내가 한 선택에 대해 엄마는 크게 반대한 적이 없었다. "너의 선택을 믿어."라는 말들이 살아가는 원동력이 되었다. 엄마의 큰 사랑을 해마다 새록새록 다시 느낀다. 한때 엄마가 주변 사람들에게 하는 행동들이 구차해 보였고, 사람 잘 믿고 하나라도 나누려는 엄마의 행동이 순진해 보여 어린 나보다 세상 물정을 모른다고 여겼다. 지금은 "덕을 쌓는 일이다."라며 웃으며 말했던 엄마의 행동들이 결국 나에게 돌아보는 친절이 되는 것이라고 믿게 되었다. 엄마 덕분에. 그렇지 엄마 덕분이다.

나를 자주 웃게 하요. 아주 많이.

작가 앤서니 브라운은 『우리 엄마』를 통해 엄마에 대한 깊은 애정과 태도를 드러낸다. "우리 엄마는 무용가가 되거나 우주 비행사가 될 수도 있었어요." 그리고 이어지는, 될 수 있었지만 되지 않았던 직업들이 열거된다. 작가는 우리가 알고 있는 이미지들을 잘 활용하는데, 이 작품에서도 마릴린 먼로의 모습을 연상하게 하는 장면을 넣었다. 적절한 위트와 유머가 웃음을 유발하게 한다. "우리 엄마는"이라는 문장이 마음을 훅 끌어당긴다. 자랑하듯 얼굴에 웃음을 띠고 "우리 엄마는"이라고 외치고 싶다. 귀에 쏙쏙 들어오는 반복되는 '정말' '멋진'이라는 말에 리듬을 붙인다면 노래 한 곡이 되지 않을까. 하트를 가슴에 새긴 슈퍼 엄마, 하트 코를 단 엄마까지 모든 엄마의 표정에서는 따뜻함이 묻어난다. 점차 부드럽게 보이는 엄마의 표정에서 무한한 사랑이 전해진다. 사랑을 가득 담은 눈이 세상을 다 얻은 듯하다.

다시 책을 보니 엄마의 주름이 눈에 들어온다. 거울을 보니 나의 눈가에도 주름이 깊게 보인다. 어느새 엄마의 주름도 이해하고, 손도 꼭 잡아 줄 수 있을 만큼 품이 커진 나는 엄마와 함께할 시간을 상상하곤 했다. 하지만 영원할 것 같았던 엄마와의 시간은 그리 길지 않았다. 3년 여의 암 투병 후 엄마를 보내면서, "우리 엄마"를 수없이 되뇌어 보았다. 그래도 슬퍼하는 나를 보면 엄마가 더 슬프겠지 하는 생각으로 나를 일으켜 세울 수 있었다. 엄마의 빈자리는 엄마가 준 사랑을 떠올리는 추억의 시간으로 채워졌다.

"너네, 외할머니 기억나?" 아이들과 대화를 나누면서 엄마 이야기를 나누곤 했다. 아이들에게 "우리 엄마는"이라는 문장을 적어 보라고 제안했다. "우리 엄마는 힘이 세요. 우리 엄마는 나를 번쩍 들거든요." "우리 엄마는 박자를 잘 못 맞추지만, 노래를 잘 불러요." 아이들은 이렇게 나에 대해 적었다. 나도 문장을 채워 보고 싶다는 생각이 든다. "우리 엄마는 키는 작지만, 마음은 굉장히 넓어요. 그래서 사람들이 좋아하지요." "우리 엄마는 '섬마을 선생님'이라는 노래를 좋아해요." "우리 엄마는 미술을 잘했다고 어릴 때 칭찬받은 적 있어요." "우리 엄마는 잡채를 맛나게 만들어요." "우리 엄마는 백합을 좋아하고, 잘생긴 의사 선생님을 좋아했지요." "우리 엄마는 동요를 잘 불러요." "우리 엄마는 웃는 모습이 늘 기억나요."

책의 한 장면 한 장면 손으로 쓰다듬어 보면서, 엄마의 사랑은 부드럽지만 힘이 세다는 걸 느낀다. 마지막 장면에서 엄마가 아이를 꼭 안아 주는 튼튼한 두 어깨와 너른 가슴을 볼 수 있다. "엄마도 나를 사랑한답니다!"에서 어린 나를 껴안아 주는 엄마의 품은 정말 넓다. 넓은 마음으로 이웃에게 친절하고 사람들에게 다정했던 모습을 새록새록 되새기면서, 나도 그렇게 나이 들어가리라 다짐했다. 새벽마다 가족의 무사를 기원하며 물을 떠 놓던 엄마, 가족들이 잠든 새벽, 달그락거리는 소리조차 내지 않으려 조용히 밥을 준비하던 엄마의 뒷모습이 여전히 마음에 남아 있다. 세상에 많은 것이 될 수 있었지만, 나의 엄마로 살아 주셔서 감사하다고 나직이 읊조린다. 그리고 "사랑합니다." 다음 생이 있어서 엄마를 다시 만난다면 더 이상 자식을 위해 희생하지 말라고 말해 줄 것이다. 누군가를 위해서 살지 말고 "오로지, 그냥 엄마의 인생을 살아. 나처럼." 이렇게 전해 주고 싶다. 왜냐하면 나는 엄마의 힘으로 그렇게 살고 있으니까.

생각거리 아이들에게 엄마의 하루를 질문해 볼 수 있다. 엄마가 하루를 시작하는 모습과 잠들 때까지 돌아보면서, 엄마의 하루가 그냥 지나가는 것이 아님을 알게 되지 않을까? 엄마도 가장 어려운 점, 힘든 점을 솔직하게 말해 본다. 『우리 엄마』는 엄마를 바라보는 아이 관점의 책이다. 그렇다면 아이들을 바라보는 엄마 관점도 필요하다. "우리 ○○은"이라는 이야기를 만들어 볼 수 있다. "우리 엄마는…" "우리 아이는…"이라는 글을 통해 서로를 이해하고 공감하게 될 것이다.

이 혜 령

독서 토론 강사, 아트코치, 그림책 활동가다.
그림책으로 아이를 키웠고, 작은 도서관도 운영하면서, 마을에서 할 수 있는
많은 일들을 벌였다. 장르 불문 많은 책을 읽고 토론한다.
사람들을 만나고 사랑하기에 그림책은 더없이 좋다.
공공기관, 도서관, 학교 등 인문학 클래스를 진행하고 있다.
함께 쓴 책으로 『온라인 책 모임 잘하는 법』, 『일상 인문학 습관』,
『그림을 읽고 마음을 쓰다』 등이 있다.

함께 읽으면 좋은 책

✸ 오, 미자

박숲 지음
노란상상, 2019

'오미자'는 다섯 가지 맛을 가지고 있다고 하는데. 이 책의 미자도 다섯 가지 삶의 모습을 가지고 있다. 책 속 미자는 건물 청소부, 스턴트우먼, 택배 기사, 전기 기사, 이사 도우미로 활동하고 있다. 미자들은 세상의 편견 속에서 다양한 경험을 하면서도 주눅 들지 않고 당당하다.

생각거리 아이들과 노동에 대해 생각해 볼 수 있는 책이다. 우리 주변의 직업들을 떠올려 보면 어떨까?

✸ 내 이름은 자가주

퀸틴 블레이크 지음
김경미 옮김
마루벌, 2024

『찰리와 초콜릿 공장』의 퀸틴 블레이크가 쓰고 그린 책이다. 원제는 『자가주』인데, 우리나라에서는 "내 이름은"이라는 말이 덧붙었다. 젊은 부부에게 어느 날 '자가주'라는 이름표가 붙은 소포가 도착한다. 그 안에는 아기 자가주가 있다. 부부는 아이를 즐겁게 키운다. 하지만 자가주는 커 갈수록 달라진다. 작가는 달라지는 아이의 모습을 여러 동물로 표현하는데, 동물들의 모습이 그맘때 아이들의 모습과 딱 들어맞는다고 말할 수 있다.

생각거리 『내 이름은 자가주』는 아이를 키우는 부부의 모습을 보여 주면서 육아가 어느 성별의 역할이 아님을 그린다.

✦ 삐약이 엄마

백희나 지음
스토리보울, 2024

백희나 작가가 쓰고 그린 『삐약이 엄마』는 병아리의 엄마가 된 고양이를 그린다. 그림으로만 봐도 사납게 생긴 고양이는 '니양이'로 불린다. 어느 날 니양이는 닭장에서 달걀을 냉큼 삼킨다. 먹을 때는 좋았지, 니양이는 달걀을 삼킨 후 끙끙거리다 병아리를 낳는다. 서로 다른 존재가 함께 살아가는 모습을 연필로 그린 듯한 선과 실감 나는 상황 묘사로 표현하고 있다.

> **생각거리** 아이들과 따라 그리고 색칠해 보기 좋다. 니양이와 병아리의 대사를 직접 적어도 좋을 듯하다.

✦ 엄마 왜 안 와

고정순 지음
웅진주니어, 2018

직장의 시계는 제자리걸음인데, 아이는 엄마가 왜 안 오냐고, 빨리 오라고 전화한다. 마음은 급한데 회의는 끝날 줄 모른다. 일하는 엄마의 삶을 그린 고정순 작가의 그림책이다. 작가는 편집자를 떠올리며 이 책을 썼다고 한다. 아이의 부름에 모든 것을 제쳐두고 달려오는 엄마의 마음이 책 전체에 녹아 있다.

> **생각거리** "미안한 마음을 갖고 지금을 사는 엄마들과, 그리고 엄마를 기다리는 아이들과 함께 이 이야기를 나누고 싶다. 사랑한다는 말로 부족한 나의 당신에게도."

✳ 마음의 눈

하이거우팡둥 지음
천페이슈 그림
신순항 옮김
섬드레, 2024

이 책은 어른이 보는 아이, 노인이 보는 어른, 거북이가 보는 노인, 늙은 나무가 보는 거북이, 높은 산과 바다가 보는 늙은 나무, 지구의 눈으로 보는 산과 바다를 점차 보여 준다. 결국 우주의 눈으로 보는 지구까지 확장된다. 하지만 바로 우주는 정말 늙었다는 말에서 분위기는 반전된다.

생각거리 아이들과 말놀이를 해 볼 수 있다. 아이의 눈으로 보면 "모든 것이 새로워요."라는 문장은 마음 속에 저장해 둘 필요가 있다.

✳ 마음 수영

하수정 지음
웅진주니어, 2020

수영장에 엄마와 아이가 왔다. 딸은 빨리 물에 들어가고 싶어 하고, 엄마는 아이 뒤에서 "조심해. 위험하단 말이야." 하고 일러 준다. 딸이 보기에 엄마는 세상을 지나치게 조심스럽게 바라보기만 한다. 그런 엄마를 뒤로하고 딸은 앞으로 나아가지만 고비가 닥치면 찾게 되는 존재는 결국 엄마다. 이 책은 엄마와 딸의 모습을 대비해서 보여 준다. 그렇기에 엄마와 딸이 서로를 마주 보는 장면은 더욱 인상적으로 다가온다.

생각거리 서로를 대등하게 돌아볼 수 있는 시간이 우리에게는 필요하다.

질문하는 힘

나를 불편하게 하는 그림책, 『여우』

박은미

마거릿 와일드 지음, 론 브룩스 그림, 강도은 옮김, 파랑새, 2012

나를 불편하게 하는 그림책,
『여우』

　나쁜 일은 왜 더 오래 기억될까? 다 잊었다고 방심하고 있을 때 갑자기 떠올라 속수무책으로 당하고 만다. 시골에서 도시로 전학 왔지만 씩씩하게 잘 적응했고, 선생님과 반 친구들에게도 인정받고 있다고 생각했다. 집에까지 놀러 가는 친한 친구들도 생겨서 별로 외롭지 않았다. 그러던 어느 날, 가장 친하다고 생각했던 네 명의 친구들이 점심시간에 방송실로 나를 불렀다. 그들은 나를 빙 둘러싸고 "잘난 척하는 게 재수 없어!"라고 몰아세웠다. 내가 무슨 잘난 척을 했냐고 물으니 전학생이 공부 좀 한다고 나대는 것이 그냥 보기 싫다고 했다. "내가 언제 그랬어?"라는 나의 반문에 그 아이들은 더 이상 대답하지 않았고, 교실로 돌아와 아무렇지도 않은 듯 깔깔거리며 웃었다. 그때 내가 할 수 있는 최선은 끝까지 눈물을 보이지 않는 것뿐이었다. 그 후로 교실에서 튀지 않으려고 노력했고, 있는 듯 없는 듯 존재감 없이 겉도는 '이

방인'이 되었다. 그날의 나쁜 기억은 어른이 되어서도 그림자처럼 나를 계속 따라다녔다.

도서관에서 우연히 만난 『여우』는 열세 살의 그날로 나를 불쑥 데려갔다. 앞표지의 빨간 여우 한 마리가 나를 뚫어지게 쳐다보고 있었다. 여우의 눈빛에 잠시 멈칫했지만, 정면을 응시하고 있는 여우의 시선을 피하지는 않았다. 본문이 시작되기 전, 까치를 입에 문 채 산에서 내려오는 개 뒤로 여우가 보였다. 여우에게 무슨 사연이 있는 걸까? 궁금해하며 책장을 넘겼다. 여우는 한참 시간이 흐른 뒤에야 개와 까치 앞에 나타났다. 그림책을 읽는 내내 여우에게 마음이 쓰였고, 책장을 덮으며 '이방인'이라는 단어를 떠올렸다. 알 수 없는 불편함이 갑자기 밀려왔다. 나쁜 기억처럼 외면하고 싶었던 『여우』는 계속 내 주변을 맴돌았고, 나에게 "이 그림책이 왜 불편하니?" 하고 집요하게 물었다.

마거릿 와일드가 글을 쓰고, 론 브룩스가 그림을 그린 『여우』는 한쪽 눈을 볼 수 없는 개와 화재로 날개를 다친 까치 앞에 어느 날 갑자기 다가온 여우의 이야기다. 개는 까치를 간호해 주려 하지만 도움을 받고 싶지 않은 까치는 동굴로 들어가 버린다. 하지만 까치는 자신을 위로해 주고 기다려 준 개 앞에 다시 나타났고, 둘은 서로에게 다리와 눈이 되어 준다. 그러던 어느 날 사이좋은 둘 앞에 갑자기 여우 한 마리가 나타난다. 개는 여우를 반갑게 맞아 주지만, 까치는 뒷걸음친다. 불안해하는 까치에게 하늘을 나는 기분을 알려 주겠다며 계속 떠나자고 하는 여우. 처음에 거절했던 까치는 결국 어떤 선택을 하게 될까?

이야기는 불편했고, 그림과 편집도 불친절하게 다가왔다. 그림 작가 론 브룩스는 유화, 아크릴, 수채화 물감과 왁스뿐만 아니라 펜과 잉크, 연필, 목탄 등 다양한 재료를 사용했고, 포크나 철사, 끌 등 다양한 도구를 이용해서 긁어내는 스크래치 기법으로 독특한 질감을 표현했다. 하지만 따뜻한 색감과 부드러운 터치를 좋아하는 내게 이 거친 표현 방식은 낯설게 느껴졌다. 오른손잡이인 그림 작가가 왼손으로 그림용 나이프를 긁어서 쓴 거친 글씨와 가로와 세로가 뒤섞여 있는 문자 배열은 책을 읽는 내내 불편함을 더했다. 하지만 그 덕분에 책장을 천천히 넘기면서 등장인물 한 명 한 명에게 더 몰입할 수 있었다. 특히 까치가 여우를 보고 뒷걸음치는 장면에서 여우의 몸을 가로지르는 세로쓰기는 단순한 내용 전달을 넘어, 각 캐릭터의 심리와 관계의 긴장을 시각적으로 표현하고 있었다. 이런 불편함과 번거로움은 천천히, 그리고 낯선 감각으로 그림책을 보게 만들었다.

여우는 정말 나쁠까?

'분노와 질투와 외로움의 냄새였지.'라며 여우의 두 눈만 크게 보여 준 장면은 나를 얼어붙게 했다. 나도 모르게 코를 킁킁거렸다. 많이 외로웠고, 질투했고, 분노했던 어린 시절의 나를 만나는 순간이었다. 이어 까치가 개에게 "여우는 어디에도 속할 수 없는 애야."라고 말하는 부분에서는 깊은 분노를 느꼈다. 까치는 무슨 근거로 이렇게 단정하듯 말하는 걸까? 개가 까치를 물고 숲에서 내려온 후 둘 앞에 한참 만에 나타난 여우는 어디에 갔다 왔을까? 화재로 가족들과 친구들을 다 잃고, 다른 동물들에게 거절당했을 수도 있다. 겉으로는 강해 보이지만 이미 관계에서 깊은 상처를 받았는지도 모른다. 바로 다음 이어지는 "누구도 사랑하지 않아. 조심해."라는 까치의 말은 마치 나를 향하는 듯했고, 까치를 향한 강한 분노와 혼자 남겨질지도 모른다는 공포가 나를 덮쳐 왔다.

개보다 바람보다도 더 빨리 달릴 수 있다며 함께 떠나자고 까치에게 속삭이는 여우를 불편해하는 사람들을 보면서 '여우는 정말 나쁠까?' 하는 의문이 들었다. 개는 여우를 반갑게 맞아 주지만, 까치는 처음부터 호의적이지 않았다. 어린 시절 교실에서 환영받지 못했던 내가 느꼈던 외로움, 질투심과 분노를 여우도 느끼지 않았을까? 따돌림당했던 일을 아무에게도 털어놓지 못하고

드디어 여우가 멈춰 섰어. 여우는 숨을 헐떡거리지
않았어. 까치와 여우는 아무 말도 하지 않았어.
둘 사이에는 오직 침묵만이 흘렀지.
그때 여우가 몸을 흔들어 까치를 등에서 떨어뜨렸어.
마치 벼룩이라도 털어 내듯. 그리고 휙 몸을 돌려
걷기 시작했어.

한참을 걷던 여우가 까치를 돌아보며 말했어.
"이제 너와 개는 외로움이 뭔지 알게 될 거야."
여우는 까치를 혼자 남겨 두고 가 버렸어.
사방은 쥐 죽은 듯 고요했어. 한순간 아주 먼 곳에서
날카로운 울음소리가 들려왔어. 승리의 소리인지
절망의 소리인지는 알 수 없었지.

혼자 끙끙 앓았다. 애써 명랑하게 지내려고 노력했고 더 강해져야겠다고 생각했다. 다행히 한 학기는 금방 지나갔고 그 친구들과는 다른 중학교에 배정받았다. 그때 나는 끝까지 들키지 않고 스스로 잘 극복했다고 믿었다. 그러다 어른이 되고 알았다. 내가 왜 학교 폭력에 예민하게 반응하고 가해자에게 지나치게 분노했는지, 그 시절 나를 방송실로 불러낸 아이들을 아직 용서하지 못했다는 것을.

이후 여우가 까치를 사막으로 데려가 '벼룩이라도 털어 내듯' 툭 하고 떨어뜨리는 장면에서 약간의 카타르시스를 느꼈다는 건 이 글을 쓰면서 처음 고백해 본다. 그동안 이 그림책을 많은 사람들에게 권했지만, 여우의 입장에 공감하는 사람은 많지 않았다. 여우를 옹호하는 나를 비난하지는 않을까 불안했다. 여우가 잘했다는 건 아니지만 그래도 몇 명쯤은 여우가 왜 그랬을까? 그 마음을 들여다보려고 애쓰는 사람도 필요하지 않을까? 까치를 등에서 떨어뜨린 후 "이제 너와 개는 외로움이 뭔지 알게 될 거야."라고 말한 여우에게는 개와 까치를 갈라놓고 싶었던 생각은 애초에 없었는지도 모른다. 그저 함께 어울리고 싶은 그냥 '친구'가 필요했던 건 아닐까?

학창 시절 상처 때문에 여우에게 감정이 기울었던 나의 『여우』 읽기는 여러 번 다시 읽고, 다양한 사람들과 함께 토론하면서 균형을 맞춰 나갔다. 몇 년 전 이 그림책 한 권으로 100개의 질문을 뽑는 연구 모임에 참여한 적이 있다. 하루 종일 각자 준비해 온 질문을 직접 토론하면서 좋은 질문을 함께 찾아 나갔다. 좋은 질문은 익숙하고 당연하게 생각했던 것들을 새롭게 보게 하고, 한 번도 경험해 보지 못한 낯선 세계로 우리를 이끈다. 이 책을 좀 더 입체적으로, 균형적으로 읽게 된 건 그 모임에서 함께 만들었던 좋은 질문들 덕분이다.

까치는 이기적일까?

까치는 바람보다 더 빨리 달릴 수 있다는 여우의 제안을 두 번이나 거절했다. 하지만 개의 등에 앉아 하늘을 나는 건 절대로 이렇지 않다고 생각했다. 결국 세 번째 속삭임에 넘어간 까치는 여우의 등에 올라타고 만다. 출판사의 책 소개에서 읽은 "결국 까치는 하늘을 다시 한 번 날아 보고 싶은 욕심 때문에 용기와 희망을 주었던 가장 소중한 친구를 배신하게 된다."라는 문장에 온전히 공감하기 어려웠다. 까치가 하늘을 다시 한 번 날아 보고 싶다는 것을 '욕심'이라고 단정할 수 있을까?

책의 시작 부분에서 화재로 날개를 잃고 동굴로 들어간 까치에게 "난 한쪽 눈이 보이지 않아. 그래도 산다는 건 멋진 일이야!"라는 개의 말은 큰 위로가 되지 못했을 것이다. 한쪽 눈을 잃은 개와 한쪽 날개를 잃은 까치의 슬픔의 경중을 말하기는 조심스럽지만 개보다 까치의 상실감이 더 크지 않았을까? 까치가 개의 등에 올라탄다고 해서 하늘을 나는 기분을 절대 느낄 수는 없다. 그건 여우의 등에서도 마찬가지다. 하지만 나는 날고 싶은 까치의 원초적 욕망을 욕할 수 없었다. 날고자 하는 욕망을 버리는 순간, 까치는 새라는 자신의 정체성을 잃어버리기에 여우를 따라가는 선택을 할 수밖에 없었으리라. 하루라도 까치답게, 새답게 살고 싶은 간절한 소망에 공감할 수밖에 없었다.

그림책은 사막에 혼자 남겨진 까치가 친구가 있는 곳을 향해 멀고 먼 여행을 시작했다는 장면으로 마무리된다. 모든 선택에는 책임이 따른다. 개를 남겨 두고 여우를 따라나선 까치가 짊어져야 할 책임의 무게는 가볍지 않다. '친구가 있는 곳'이 개가 있는 곳인지, 그곳에 무사히 도착할 수 있을지, 다시 돌아간다 해도 개가 받아 줄지 아무것도 확신할 수 없다. 하지만 까치의 마지막 모습에서 후회와 절망보다는 후련함과 희망이 보인다. 이어지는 면지에서도 그런 희망이 느껴진다. 불에 탄 숲을 표현한 붉은색 앞 면지와 달리 뒤 면지는 복원된 숲을 암시하는 푸른색이다.

개에게 의존하고, 여우 때문에 불안해했던 까치는 사막에 혼자 남겨져 시련을 겪으면서 더 단단해졌으리라 믿는다. 까치가 여우를 따라나서지 않고 개와 함께 있었다면 지금보다 더 행복했을까? 하늘에 대한 미련을 버리지 못해 개와의 관계에도 균열이 생겼을지 모른다. 무모해 보이지만 자신의 본능과 정체성을 따르는 선택을 했기에 여우를 따라나선 까치는 앞으로 후회 없는 삶을 살 것이라 믿는다.

개는 잘못이 없을까?

이 그림책을 읽고 이야기를 나눈 사람들 중 여우와 까치, 개 셋 중에서 개에게 우호적인 사람이 가장 많았다. 그렇다면 개는 아무 잘못이 없을까? 까치가 개에게 여우는 어디에도 속할 수 없는 애라고 말하는 장면을 다시 펼쳤다. 까치의 이 말을 들은 개가 "여우는 좋은 아이야. 그렇게 말하지 마."라고 대답하는 장면에서 둘은 서로 다른 곳을 보고 있다. 까치의 말에 귀를 기울이지 않는 개의 태도에 나는 묘한 불편함을 느꼈다. 개가 고개를 들어 까치의 표정을 보았다면 어땠을까? 만약 눈을 마주쳤다면 한쪽 눈으로도 까치의 불안한 눈빛을 충분히 읽었을 텐데 안타까웠다. 바로 옆 페이지에서는 여우가 까치의 눈을 보고 함께 가자고 말하고 있다. 까치는 이전까지 단호하게 여우의 제안을 거절했지만, 눈을 마주치고 얘기하는 여우에게 마음이 더 흔들리지 않았을까? 눈을 마주치지 않으면 상대의 표정을 읽을 수 없고, 감정을 정확히 알기가 어렵다. 까치가 불안한 마음을 얘기했을 때 개가 까치의 눈을 바라보고 들어 주었더라면 이 셋의 미래는 달라질 수 있었을지도 모른다.

어린이가 이 책을 읽어도 될까?

이 책을 어린이들에게 읽어 주라고 추천하면 고개를 갸우뚱하는 어른들이 많다. 책이 어둡고, 아이들이 깊게 이해하기에는 어렵다는 이유도 있었지만, 책의 내용이 너무 현실적이라 불편하다는 얘기를 많이 들었다. 하지만 그림책 『여우』는 어린이들의 이야기로도 읽힌다. 어린이들은 어린이집에 가기 시작하면서 관계 속에서 크고 작은 경험을 쌓아 간다. 친구들과 어울리며 즐거운 경험도 하지만 갈등과 상처를 겪으며 성장하기도 한다. 『레스토랑 Sal』[*1], 『호텔 파라다이스』[*2] 등 삶의 불편한 진실을 그림책에

[*1] 소윤경 지음, 문학동네, 2013
[*2] 소윤경 지음, 문학동네, 2018

담은 소윤경 작가는 『한국의 그림책 작가들에게 묻다』[*3]라는 인터뷰집에서 삶의 어두운 부분을 현실적으로 묘사한 책을 아이에게 보여 줘도 괜찮을지 고민된다는 질문에 이렇게 답한다.

"초등학생부터는 어떤 책을 봐도 괜찮다고 생각해요. (……) 초등학교만 가도 권력, 다툼, 서열 매기기, 암투, 견제, 음모 등 어른 사회랑 별반 다르지 않은 경험을 해요. 아이들은 이미 현실을 잘 알고 있어요."라고.

아이가 초등학생이었을 때 이 책을 읽고 이런 이야기를 했다. "처음에는 여우가 정말 나쁘다고 생각했는데, 나중에는 왜 여우가 그런 행동을 했을까 궁금했어. 까치와 개와 친구가 되고 싶었는데 못 되어서 그랬을까? 나도 그랬던 적이 있었는데 많이 속상했거든. 그렇지만 까치를 사막에 혼자 남겨 둔 여우가 나쁘긴 해. 누군가에게 상처를 받았다고 똑같이 되돌려주면 안 되잖아."라고. 순간 내 과거의 상처에 너무 함몰되어서 주변을 잘 살피지 못한 것은 아니었는지, 내가 하지 못했던 행동을 한 여우를 통해 대리 만족을 한 것은 아닐까 하는 생각에 조금 부끄러워졌다. 이어지는 "만약 네가 개라면 까치가 돌아왔을 때 받아 줄 거야?"라는 내 질문에 아이는 이렇게 답했다.

[*3] 최혜진 글, 해란 사진, 한겨레출판사, 2021

"한 번은 기회를 더 줄 거야. 누구나 한 번쯤은 실수할 수 있잖아. 하지만 두 번은 안 돼!"라고.

사람은 쉽게 변하지 않는다고, 한 번 배신한 사람은 두 번 배신하기 쉽다며 받아 주면 안 된다고 생각했던 나의 견고한 생각이 아이와 책 이야기를 나누며 또 한 번 부끄러워지는 순간이었다.

어린이들도 삶의 어두운 면을 그린 그림책을 읽고, 각자가 경험한 삶의 범주에서 생각하고 받아들일 내면의 힘을 가지고 있다고 믿는다. 어른들이 보지 못하는 세계, 잃어버린 순수한 동심의 눈으로 세상을 바라본다. 어른이 나서서 읽기를 미리 차단하기보다 "여우가 나빠요. 까치는 이기적이에요. 개는 너무 착해요."라고 말하는 아이들에게 "왜? 정말 그럴까?"라는 질문을 품어 보게 하면 좋겠다. 책이 무섭고 불편했다고 하면 왜 불편하게 다가왔는지 그 이유를 함께 이야기 나눠 보면 어떨까?

우리는 불편을 감각하면서 수많은 '왜?'라는 질문을 품는다. 이런 '왜?'라는 질문은 우리를 성찰하고 주변을 돌아보게 하는 힘을 가지고 있다. 그림책『여우』는 읽을 때마다 새로운 질문을 던진, 나를 가장 불편하게 했던 책이다. 까치를 사막에 떨어뜨리고 간 여우는 어떻게 되었을까? 잠에서 깬 개는 곁에 까치가 없다는 것을 알고 어떤 기분이 들었을까? 만약 까치가 다시 개에게 돌아온다면 개는 까치를 받아 줄까? 해소되지 않은 많은 질문들에 대한 답을 찾는 과정은 나를 이전보다 더 나은 사람으로 성장시켰다. 아마도 앞으로 나의 그림책 읽기는 『여우』를 뛰어넘는 그림책을 찾아 헤매는 여정이 될 것이다. 나에게 끊임없이 질문을 던지고, 나를 불편하게 하는 그림책을 더 많이 만나고 싶다.

> 생각거리 『여우』는 읽을 때마다 다양한 질문을 품게 하는 그림책이다. 여우, 까치, 개의 행동과 태도에 대해 '왜?'라는 질문을 던지며 읽기를 권한다. 그림책을 가로와 세로로 돌려가며 천천히 읽으며 등장인물들의 감정에 몰입하며 읽으면 더 좋다.

박은미

그림책을 가까이하며 그림책이 주는 위로와 공감을 사랑한다.
삶의 어두운 이야기를 담은 그림책을 읽으며 질문을 품고 그 질문에 답하는 과정을 통해 조금 더 나은 사람이 되었다. 어린이들과 그림책으로 글쓰기하고, 어른들과 그림책을 함께 읽고 소통하는 것을 좋아한다.
함께 쓴 책으로 『책으로 통하는 아이들』, 『그림책 모임 잘하는 법』, 『그림을 읽고 마음을 쓰다』 등이 있다.

> 함께 읽으면 좋은 책

✸ 레스토랑 Sal

소윤경 지음
문학동네, 2013

우리의 저녁 식사에 올라온 달걀과 고기들은 어떤 과정을 거쳐 식탁까지 왔는지 생각해 보게 하는 그림책이다. 인간은 빠른 시간에 더 많은 고기를 얻기 위해 가축들을 좁은 공간에서 사육하고, 항생제를 과다하게 투약한다. 인간의 탐욕으로 고통받는 동물들에게 관심을 기울이지 않는다면 인간들 또한 같은 고통을 받으며 죽어갈 것이다.

생각거리 그림책을 펼치고 섬뜩함과 무서움을 느꼈다면 어떤 장면에서, 어떤 부분이, 왜 불편했는지 생각해 보자.

✸ 마지막 거인

프랑수아 플라스 지음
윤정임 옮김
디자인하우스, 2024

거인들의 나라를 찾아 떠난 지리학자 루트모어와 아홉 거인들의 이야기다. 지리학자인 여러분이 거인들이 사는 나라를 최초로 발견하게 된다면 그들의 존재를 알릴 것인가? 루트모어는 거인들의 존재를 책과 강연으로 세상에 알린다. 뒤늦게 후회했지만 이미 거인들이 멸망하고 난 이후다. "침묵을 지킬 수 없었니?"라는 거인의 마지막 목소리가 깊은 여운을 남긴다.

생각거리 환경을 파괴하고, 자연의 정복자로 군림하고 있는 이기적이고 어리석은 우리 인간들 때문에 지구의 여섯 번째 대멸종이 진행 중이라는 것을 잊지 말아야겠다.

✦ 사자와 세 마리 물소

몽세프 두이브 지음
메 앙젤리 그림
성미경 옮김
분홍고래, 2014

아랍에서 전해 내려오는 우화를 담은 그림책으로, 우정과 협동의 가치에 대해 생각해 보게 한다. 세 마리 물소는 평생 함께할 것을 약속하고 여행을 떠나지만 사자의 계략에 빠져 친구를 배신한다. 그 결과 세 마리 물소 모두 비극적인 결말을 맞는다. 내가 물소였다면 어떤 선택을 했을까?

생각거리 내가 살아남기 위해서는 곁에 있는 친구까지도 밟고 올라서야 하는 무한 경쟁의 시대에 우리는 어떤 태도를 가져야 할지, 혼자만이 아닌 다 함께 잘 살기 위해 어떤 지혜가 필요한지 함께 생각해 보자.

✦ 그렇게 나무가 자란다

김흥식 지음
고정순 그림
씨드북(주), 2019

김흥식·고정순 작가의 『아빠는 술친구』에 이은 가정 폭력을 다룬 두 번째 그림책이다. 매일 밤 아이에게 맨주먹으로 심은 나무가 밤새 자라 아이의 몸에 피멍 든 열매가 맺힌다. 열매를 매달고 다니던 아이는 어느 날부터 나무들을 옮겨 심기 시작한다. 아빠가 아이에게 심은 폭력의 나무를 외면하지 않고 일찍 발견해 주었다면 이 아이의 삶은 달라지지 않았을까?

생각거리 폭력을 외면하고 방치했을 때 사회적 약자인 아이들은 더 큰 고통을 받는다. 우리 주변에 몸에 푸른 열매를 가진 아이들이 없는지 관심을 가지자.

✴ 세월: 1994-2014

문은아 지음
박건웅 그림
노란상상, 2024

이 그림책은 1994년 일본에서 태어난 세월호가 2014년 한국에서 침몰하기까지 세월호의 시점으로 써 내려간 2014년 4월 16일의 기록이다. 세월호는 아직 해결되지 않은 우리 모두의 일이고 잊지 않고 기억해야 할, 반복되지 않아야 할 역사다.

<mark>생각거리</mark> 세월호를 잊지 않고 오래 기억하고 싶다면, 누군가와 세월호 이야기를 나누고 싶은데 어떻게 대화를 시작해야 할지 잘 모르겠다면 이 그림책을 함께 읽어 보면 어떨까?

✴ 옛날 옛날 기차가 작은 섬에 왔어요

황이원 지음
박지민 옮김
섬드레, 2022

1949년 선포된 계엄령으로 집회, 결사, 언론, 출판의 자유를 잃은 타이완의 아픈 현대사를 기록한 그림책이다. 위대한 기차에 탄 모임에 참가했던, 위대함을 찬양하지 않는, 공부하지 않는 사람들은 어떻게 되었을까? "만약 우리가 조금이라도 마음을 놓는다면, '위대한 기차'는 다시 돌아올 거야." 라는 책의 마지막 문장을 잊지 말자.

<mark>생각거리</mark> 비단 타이완만의 이야기가 아닌 한국의 현대사와도 맞닿아 있다. 우리의 잊지 말아야 할 역사, 5.18 민주화 운동, 제주 4.3 사건 등을 다룬 다른 그림책과 함께 읽어 보면 더 좋다.

힘이 되는 그림책이 있습니다
- 독서 모임 전문가 10인의 인생 그림책

제1판 1쇄 펴낸날 2025년 1월 30일
지은이 김민영 · 김예원 · 허유진 · 오숙희 · 오수민
　　　우신혜 · 김미연 · 이인자 · 이혜령 · 박은미
꾸민이 수디자인 | 만든이 이경숙 | 알린이 엄상진 | 펴낸이 신순항
펴낸곳 섬드레 | 주소 제주특별자치도 서귀포시 서호중앙로 55 C동 212호
전화 064-738-3736 | 팩스 0504-339-0417
전자우편 seomdre@seomdre.com | 인스타그램 @seomdrebooks
출판등록 2022년 1월 19일 제652-2022-000005호

ISBN 979-11-94244-06-6(03810)
© 김민영 · 김예원 · 허유진 · 오숙희 · 오수민
　우신혜 · 김미연 · 이인자 · 이혜령 · 박은미 2025

- 이 책은 저작권법에 따라 보호받는 저작물이므로 무단전재와 무단복제를 금합니다.
- 이 책 내용의 일부 또는 전부를 사용하려면 반드시 저작권자와 섬드레의 서면 동의를 받아야 합니다.
- 이 책에 사용된 모든 표지와 내지 그림은 저작권사로부터 사용 허락을 받았습니다.
- 책값은 뒤표지에 표시되어 있습니다.

이 도서는 2024년 문화체육관광부의 '중소출판사 도약부문 제작 지원' 사업의 지원을 받아 제작되었습니다.